Серия «Фо

Александр Маркитанов

Жар-птицы стаями не летают

2-е издание,
дополнененное и исправленное

Москва

Амрита-Русь
2009

УДК 159.942.3
ББК 88.3
М26

Маркитанов Александр

М26   Жар-птицы стаями не летают / А. Маркитанов. — 2-е изд., доп. и испр. — М. : Амрита-Русь,
2009. — 160 с. — (Серия «Формула жизни —
Любовь»).

ISBN 978-5-9787-0394-8

Совершенствоваться нужно не для того, чтобы
кому-то понравиться, а для того, чтобы сделать свою
жизнь счастливой. Все, что человек делает, он делает ради себя самого, во имя своего собственного
счастья.

Главное в следующем: страдает влюбленный
(от своих чувств) или радуется. Перед ним две двери:
одна перед самым носом и распахнута настежь — это
путь в страдание, другая поодаль и на замке — за
этой дверью истинное, полноценное, многогранное
счастье. Найти ключ от второй двери и войти в нее —
вот главная задача влюбленного.

УДК 159.942.3
ББК 88.3

*Автор благодарен редактору Ольге Намц
за участие в работе над книгой*

ISBN 978-5-9787-0394-8

Об авторе

Как любить, чтобы любовь стала истиной? И… существует ли любовь на самом деле?

Возможно, в этой книге вы нашли ответы на эти волнующие каждого человека вопросы, а возможно, исследования и опыт личного переживания жизни автора натолкнули вас на размышления, ведущие к этим ответам. В любом случае автор благодарен вам за первые шаги на пути к себе.

Основатель «Школы Расширения Сознания», руководитель Общественной Организации «Сеем Доброе», тренер-философ (тренер успеха, здоровья и радости, основанных на здоровой жизненной философии), исследователь, путешественник, писатель, удивительно интересный собеседник, Александр Маркитанов на своих тренингах и семинарах уделяет достаточно большое внимание теме духовного роста Человека, раскрытия в себе божественной любви и всемирного сотрудничества. Формулой школы, основанной Александром, является определение: «Чем уже сознание, тем больше проблем, чем шире сознание, тем меньше проблем». Правилом Школы является – «Добро обязано быть сильным».

На личном примере Александр побуждает людей по-новому взглянуть на свою жизнь, обрести здоровое тело, сильный дух, расширяя сознание, найти способы решения жизненных задач. Быть успешным в решении своих задач и помогать людям позволяет автору процесс осознания законов Вселенной, изучение аюрведической медицины. Одним из важных источников знаний является Индия, в том числе ашрам Шри Сатья Саи Бабы в местечке Путтапарти, и ашрам «Амритапури» Шри Маты Амританандамайи Дэви, в штате Керала, где автор с интересом изучает духовные практики, медитацию, обретая контроль над телом, чувствами и умом.

Читайте, перечитывайте, размышляйте, изучайте, практикуйте, приобретайте.

От автора

По роду своей профессиональной и общественной деятельности мне часто приходится сталкиваться с разными проблемами русскоязычных людей, проживающих в разных географических точках мира. Спектр проблем довольно широк: сложные отношения между супругами, проблемы «отцов и детей», конфликты в трудовом коллективе, пошатнувшееся здоровье, меланхолия, депрессия, затяжной кризис в деловой сфере или творчестве, трудности в достижении целей, трудности в поиске целей и т.п.

И поскольку большинство областей мной изучены и пройдены, как говорится, на «собственной шкуре», становятся все более понятны причины проблем и возможные способы их решения.

Коротко: проблемы — это естественная, закономерная реакция мира на нарушения законов этого мира, кто бы их ни нарушал — человек или общество.

Знания этих законов являются эзотерическими (т.е. для узкого круга лиц). Но ведь незнание законов приводит к периодическому их нарушению широкими кругами. Нарушение приводит к проблемам. Проблемы либо сталкивают в «болото» — ожесточение, поиск виноватых и шагание по жизни с транспарантами «долой всех», либо заставляют искать ответы. Благодаря проблемам человек становится искателем. Поиск приводит к тому, что вы берете в руки книги, подобные этой. В каждой из них возможны находки. Будет находка или нет, зависит от (содержательности) ценности самого произведения и от уровня готовности (сознания) искателя получить из источника ответ. Поэтому есть смысл любому представителю широкого круга прикоснуться к этим законам.

Есть ценнейшие по своему содержанию труды (Е. Блаватская, С. Грофф), о которые начинающий может «сломать голову» и прийти к выводу «не жили богато, не стои́т и начинать», а есть такие (авторов не буду называть), от прочтения которых неподготовленный может получить «ожог мозга». Поэтому для начинающих эта книга может явиться пособием, которое наверняка поможет избежать множества ошибок и исправить сделанные. Моей задачей (при создании этой книги) было через соприкосновения с наблюдениями, примерами, размышлениями и выводами других людей помочь читателю найти собственные варианты решения своих проблем. На мой взгляд, форма проста для понимания, примеры помогают постичь многие принципы, применить их в своей жизни; минимальное наличие готовых рекомендаций и знакомство с универсальными принципами эффективного управления своей жизнью помогут найти самостоятельно ответ на большинство вопросов.

Предлагаю данную книгу не как истину в последней инстанции, но как определенный взгляд, ракурс, как результат длительных наблюдений и исследований.

Поскольку вопросов мне задают много, часто и звучат они в разных точках земного шара, предлагаю построить раскрытие тем как диалог. Диалог с вами, уважаемый читатель. Наиболее распространенные вопросы мне известны, поэтому я буду задавать их от имени собирательного образа — одного из вас.

Не против? Тогда «поехали».

Одну минуту… Моя задача — стимулировать ваше размышление, которое всегда приводит к ценным находкам, если движется в правильном направлении.

Всякая любовь, имеющая причиной
не свободу духа, а что-либо иное,
легко переходит в ненависть.
Бенедикт Спиноза

Глава 1. Любовь и страдание

Как бы ни утверждали мудрые современные знатоки, что *«в любви нет страдания»*, все-таки оно существует. От утверждения отсутствия чего-либо *оно* не исчезает, ну разве только для утверждающего (бывает, иногда… на какое-то время). Люди всегда влюблялись, продолжают влюбляться и будут влюбляться наверняка. Не всегда и не у всех отношения, в период влюбленности, протекают гладко и сладко. Случается, возникают болезненные ощущения. Во все времена многим влюбленным любовь приносила боль, и сегодня в этом плане мало что изменилось. Могут меняться разновидности причин, но остается следствие: само страдание. Даже если смягчить вышеприведенное утверждение знатоков и выразиться более корректно: *«В любви не должно быть страдания»*, все равно, для тех, кто испытывает яркое ощущение боли в настоящий момент от каких-то поступков любимого человека, в ту минуту, когда сердце разрывается, а душа стонет, от этого утверждения легче не станет. Присутствует страдание. Боль и страдание, которые принесла (как кажется) любовь. Боль, от которой любой человек стремится уйти любыми путями (желание уйти от боли вполне естественно, «какой выбрать способ?» — вот в чем вопрос!).

Что же делать? Не влюбляться? Не любить? Но ведь не любить — все равно что не жить. Да, это так. Это с одной стороны. А с другой — страх боли, после пережитого неудачного опыта, пробуждает категоричное — «никогда!».

Так как же быть, если любить и влюбляться хочется? И хочется не просто любви, а большой любви. А мудрецы предупреждают: *«большая любовь несет с собой большой риск»*. Кто-то скажет: «А-а, кто не рискует…» Для кого-то такой вариант — плюнуть на все и броситься в омут с головой, а там будь что будет — это «фишка». Только этот вариант не самый лучший. Исследования данного вопроса показывают: не все благополучно выбираются из этого омута. Спектр неприятных последствий довольно широк.

Случается, возникают ожесточение, обида, ненависть, которые раненое сердце может долго носить в себе. Бывает, что и всю жизнь. Эта ноша является угнетающим фактором для выстраивания счастливой и радостной жизни.

Давайте, перед тем как куда бы то ни было бросаться, кое в чем разберемся. Нужно разобраться в некоторых важных жизненных вопросах: *«Что такое любовь?»*, *«Что такое любить?»* и *«Как быть, если в любви возникает боль?»*. Вот об этом поговорим.

Начнем с конца. Любовь и боль — это нормально? Позвольте ошарашить вас, дорогие мои. Да! ***Боль — это тот коридор, проходя по которому, человек приходит к новому качеству*** (!).

Еще раз скажу: «Боль в любви — это нормально». Уважаемые читатели, успешные в построении отношений, вам — тем, кто проходит этапы от влюбленности к любви без боли и живет в согласии, тем, кто однажды обрел любовь как состояние и, пронеся через годы, сохранил это состояние, — размышления и исследования, описанные в этой книге, возможно, и не понадобятся, совет вам да любовь. Наш разговор для всех остальных — для тех, которые в секторе жизни «личная сфера» испытывают трудности и которых подавляющее большинство.

Дело в том, что умение налаживать взаимоотношения с противоположным полом открывает большие возможности и перспективы для реализации во всех иных областях жизни. Значит, есть смысл изучать эту науку. Науку построения отношений. Это изучение неизбежно приводит к постижению понятия *любовь*, не как слова в широком потреблении, а как обозначения *высшего состояния*, стремление к которому и есть по большому счету суть смысла жизни человека. Человека, а не лесного зверя, не домашнего животного. То, к чему изо всех сил (или слабостей) стремится человек, — это счастье, радость; то, что человек суетливо пытается найти «у фонарного столба» (в материальных активах), на самом деле находится именно там, в этом *состоянии — состоянии любви*. Потребление качественных товаров и услуг вторично, первично — *состояние*. Умение прийти к этому состоянию, удерживать его дает возможность получать наслаждение от жизни и открывает необъятные перспективы в ней.

Начнем изучать простое житейское дело именно как науку (чтоб действовать умело).

Возьмем распространенную ситуацию, когда человек влюбился, а объект любви держит дистанцию и не желает ее сокращать. Рассмотрим, по каким вариантам в этом случае могут развиваться, протекать события. И как может проживать, переживать эти события воспылавший чувствами человек.

Вариант № 1. Такой влюбленный может «проглотить» неприятный факт безответности и сказать себе: «Я ей не подхожу, она слишком «высоко» от меня находится, мне до нее не дотянуться, она достойна лучшего» (в этом и практически во всех других случаях «он» и «она» можете поменять местами — принципы останутся неизменными). И, вздыхая, страдая втихомолку, влюбленный оставляет положение дел как есть, признавая: «Рассчитывать на ответные чувства мне бесполезно».

Такое бывает, возможно, при дефиците амбиций к жизни, дефиците любви к себе и заниженной самооценке. Например: я проявляю чувства, не рассчитывая на то, что объект любви войдет в мое пространство. В принципе — нормальный ход. Весь вопрос в том, по какой причине сделан такой вывод: от скромности, неуверенности в себе или оттого, что объект устроен и счастлив и для вас в приоритете ваши чувства, нежели сам объект? Объект любви может быть недоступен по разным причинам. Главное — в следующем: страдает влюбленный от своих чувств или радуется. Вот основной аспект ситуации — две двери: одна перед самым носом и распахнута настежь — это путь в страдание, другая поодаль и на замке — за этой дверью истинное, полноценное, многогранное счастье. Найти ключ от второй двери и войти в нее — вот главная задача влюбленного.

Если человек способен радоваться родившимся в его душе трепетности, возвышенности, стремлению, желанию, смятению (и еще каким-то непонятным, незнакомым процессам и ощущениям) и понимать, что чувства — это богатство, тогда он всегда сможет грамотно (с пользой для себя) распорядиться этим богатством. Для такого человека чувства никогда не будут поводом для страдания. Если человек способен понять, что любовь дается как подарок свыше и одновременно некая возможность (поскольку в период влюбленности его душа трансформируется и поднимается на уровень выше), то для такого человека чувства никогда не будут поводом для страдания. Но чаще бывает по-другому.

Бывает фанатичная любовь к кумиру. Это может оставаться любовью на дистанции, как любовь к какой-нибудь звездной личности — звезде кино или эстрады. Не обижайтесь, пожалуйста, дорогие фанаты различных звездных фигур. Если к вашей влюбленности прикладывается здоровое чувство юмора и вы способны по-доброму сами посмеяться над собой, то вы в безопасности, но в противном случае... зацикленность на звездном объекте — это уход от себя. В то время как *естественный и главный элемент технологии жизни любого человека — это путь к себе*: движение в сторону раскрытия своих способностей, познания своей божественной природы и, как итог, — достижение гармонии с самим собой и с окружающим миром. Очень важно понять предназначение своего сердца и раскрыть его для любви, раскрыть любовь к ближнему. Любовь к ближнему — это здоровая жизненная позиция и состояние души, и исключительный путь к этому состоянию — это раскрытие любви к себе. Тревоги, недостаточное самоуважение, заниженная самооценка, заниженная планка своих целей — это шлагбаумы на пути к состоянию гармонии. Подчеркну — **путь к гармонии начинается с построения добрых отношений с самим собой.** Поэтому, когда какая-то юная девушка рвет на себе волосы от «любви» хоть к Дэцлу, хоть к Кобзону, это показатель огромного дефицита жизненных ценностей, среди которых одной из первых является любовь к самой себе.

— А как правильно? — спросите вы. — Как быть, если дочка четырнадцати лет обклеила все стены в комнате портретами эстрадного кумира и готова отдать все на свете за пучок его волос или лоскут одежды? Мне страшно за нее.

— Это проблема так проблема. Причины я только что перечислил, вернитесь к началу текста. Это лишний раз подтверждает, что воспитание детей — это глубокая наука огромной важности. Прикоснемся к ней в главе «Любовь и дети». А сейчас скажу и этой девочке, и ее родителям: не стоит свою жизнь, свое счастье, свои перспективы и реализацию ставить в зависимость от любой личности, это неправильно. Почему неправильно? Потому, что это отказ от своей божественной индивидуальности, который открывает безрадостную перспективу — страдание. Человек приходит в этот мир не страдать, но раскрыть свою божественную природу и исполнить задачу своей души. Для этого необходимо проделать путь к самому себе, чтоб познать себя. И еще раз повторюсь — целый ряд заблуждений возникает от нелюбви к себе и отсутствия элементарных жизненных ценностей. Почему такое положение может случиться? Где источник этих ценностей и критерия отношения к себе? Где их взять ребенку? Где их черпать подростку? Что, не догадываетесь?! У родителей. Да, все просто. Что родители знают, то и передают детям. Знают родители истину, богаты здоровыми идеями, традициями, передадут «по наследству» *это* богатство. Пользуются заблуждениями, иллюзиями, стереотипами, будут передавать их. В этом случае ребенок на каком-то этапе взросления наверняка начнет понимать непригодность родительских идей и правил. Это начало потери родительского авторитета. Это начало обесценивания *слова* родителей и необходимости изучать мир через собственные ошибки. Если же ребенок сам не «схватит», в силу природных особенностей, суть жизни, то будет пользоваться непригодными формулами. А это ведет к страданию. Поэтому на ваш вопрос: «Как быть..?» — отвечу вопросом: «Почему ваша девочка оказалась бедна жизненными ценностями?» Ответ очевиден: «Такое «богатство» вы ей подарили, воспитывая ее». Нужно исправлять положение. Продолжаем разбираться.

Вариант № 2. Возьмем вариант, когда чувствами пылает амбициозная, темпераментная личность с дефицитом широты сознания. Природная особенность завоевателя и сеятеля семени (если это мужчина) определяет цель — покорить и удовлетворенно восторжествовать. Амбиции и темперамент требуют достижения цели, а суженное сознание направляет своего хозяина по ложному пути. Такой человек, влюбившись, совершает активные действия. Он делает интенсивные попытки привлечь в свое пространство желанный объект, несмотря на его безразличие или просто нежелание сокращать дистанцию. Влюбленный не успокаивается, в ход идет то, на что у него хватает фантазии: цветы, подарки, записки, мольбы и тому подобное — все бесполезно. Затраченные усилия не приводят к результату. И тогда в пылающем чувствами сердце начинает накапливаться злоба. Хозяин этого сердца злится на объект, он чувствует себя оскорбленным, недостигнутая цель уязвляет его самолюбие. «От любви до ненависти только шаг» — это как раз тот случай. Несостоявшийся Ромео проникается ненавистью и подавляет свои чувства. Чем вызвана такая реакция? Неудовлетворенностью. Может быть, он зависим от чужого мнения и болезненно переносит саму мысль о том, что он выглядит смешным и жалким в глазах знакомых, что разрушается его имидж «крутого перца» перед социумом. Может быть, человек привык получать от жизни и от людей то, что хочет, а здесь обстоятельства заставляют его признать поражение. Не каждый умеет достойно проигрывать. Недостигнутая цель, при навязчивой идее — «я всегда добиваюсь, чего хочу», на основе темперамента, заставляет человека страдать. Вот здесь сделаем отступление: *человека заставляет страдать его собственный характер, его собственная философия жизни и его собственные ложные представления о том, что такое любовь и что такое любить.*

Возможно, в разуме у влюбленного имеются хорошие идеи по поводу любви. Но темпераментный воздыхатель, охваченный эмоциями азарта, ни на что не обращает внимания — ни на какие доводы собственного разума. Голос рассудка заглушают эмоции: хочу обладать — и все тут, и ненавидит ту, которую (вроде бы) любит.

Страдание из-за невозможности обладать. Эту невозможность — препятствие, создает не кто-нибудь, а объект страсти. ***Желание обладать***, как утверждают ученые-философы, ***— это низшая форма любви***, она ближе к животному (проявлению) и дальше от божественного. Но такому влюбленному не до философии, не до углубленных размышлений.

Как следствие, бывает, рождается идея: «Так не доставайся же никому». История человечества только за последнюю сотню лет набрала кучу примеров: от сюжетов как в классической «Бесприданнице» до современных «кислота в лицо».

Что в итоге получает такой влюбленный? Кто-то — удовлетворение своего уязвленного Эго: «Вот так будет со всеми, кто будет меня обламывать». А у другого… когда он придет в себя, осознание содеянного вызовет горечь, сожаление: «Что же я наделал-то?», но дело сделано, и ничего не изменить. В проигрыше все: и непосредственные участники, и их близкое окружение, кроме одного «зверя» — *Эго* называется. Это оно мутило рассудок и, заглушив голос разума, диктовало помыслы и давало решительность в действиях. ***Эго «дремучего» человека управляет им как пастух овцой.*** По большому счету — манипулирует. Он не виноват в том, что у него такие проявления. Ну, вот такой он от природы (и от воспитания). Такие учителя по жизни были, а может, не было учителей, и приходится через свой опыт, экспериментальным путем, стукаясь о «несправедливые» неудобности этого мира, приобретать умение жить.

В этом случае трагедия видна невооруженным глазом: перечеркнутая жизнь как минимум двух людей — и того, кто невольно стал жертвой, и того, кто взял на себя роль прокурора и палача. Один стал виновником преступления благодаря своей любви, другая стала невольной жертвой только лишь из-за того, что вызвала чувства другого человека, сама того не желая. Не абсурд ли? Человек пострадал оттого, что природа щедро наградила привлекательностью. Нет никакого абсурда. Любое богатство, хоть его денежный эквивалент, хоть это талант, хоть внешняя красота, может (в принципе) стать причиной трагедии человека. Так устроен этот мир, и с этим необходимо считаться.

Поэтому сделаем заключительный вывод к вышеприведенному варианту любви. О закономерностях. Следует знать, что *нет страшнее зверя, чем уязвленное мужское самолюбие*, особенно если оно принадлежит темпераментной личности; особенно если у этой личности суженное сознание. Если учитывать этот факт как объективность, можно сделать следующий вывод: наличие богатой яркой внешности — это повышенная зона риска. Следовательно, есть необходимость в осторожности.

Вариант № 3. Похожий на предыдущий, с той разницей, что незадачливому влюбленному хватает воспитания и самообладания не причинять физического вреда объекту чувств.

Этот интеллигентный тип не станет проявлять насилия, грубости и хамства. А поскольку ненависть — это распространенная реакция на страдание от неразделенной любви, то и наш интеллигент туда же. Он просто тихо ненавидит (в мягкой форме) и убивает в себе чувства, иногда полагая, что мстит таким образом той, которая его отвергла. Это может быть человек положительный, со светлой душой, при этом «дремучий», то есть с суженным сознанием. Думаете — как такое может быть? Дремучесть — это естественное состояние как минимум девяноста процентов людей на Земле. Интеллект вообще тут ни при чем. Развитый интеллект и широкое сознание — это вещи разные и малосвязанные. А что касается светлой личности… «Даже в светлой душе бывает достаточно мусора», — сказал один мудрец своему ученику (в книге автора «Странствие от ошибок к мудрости»). Поэтому отправил его обучаться в один из монастырей. Именно для избавления от этого мусора, который не дает засиять — проявиться душе во всей красе. Именно из-за критического объема этого мусора, и в душе, и в разуме, человек и страдает.

Итак, наш интеллигентный тип. В этом варианте тоже трагедия, только легкая ее форма и неявная, к тому же касается она только ненавистника, убийцы своих чувств. Объекта чувств это или мало задевает, или вообще «не трогает». В чем здесь трагедия? Дело в том, что у каждого человека есть какое-то будущее, которого он еще не знает. Он узнает свое будущее несколько позже: тогда, когда оно станет настоящим. Но это время еще не наступило, оно впереди. Человек не знает своего будущего, при этом сам выбирает его сценарий. Если выразиться более коротко — будущее закономерно.

— Поясните.

— Поясню. Как вы полагаете, где создается будущее?

— А правда... Где?

— В настоящем.

— Посредством чего?

Сценарий своей судьбы — свое будущее, человек создает в настоящем своими мыслями, помыслами, поступками.

Хочу заострить внимание: *не только поступками, но и мыслями, и помыслами.* Всем этим собственным арсеналом необходимо научиться управлять. То есть его первейшая задача — отслеживание своих мыслей, затем следует контроль и, уже как результат, движение вверх по лестнице духовного и личностного развития, управление мыслями. Это важно знать: мысли и помыслы — это отражение состояния души и одновременно отражение уровня сознания человека, это зеркало его проблем. Если человек встал на путь познания своей природы, путь раскрытия смысла жизни, путь духовного развития, то его задачами будут отслеживание своих мыслей, контроль, движение вверх и управление. Хочу подчеркнуть алгоритм роста. Начинается путь с отслеживания мыслей. Отслеживаете, подмечаете, что не соответствует вашему теперешнему кредо. Затем контроль уже не только мыслей, но и поступков. И следующая естественно вытекающая фаза — это управление своей действительностью. Управляете вы, а не обстоятельства.

Чем у́же сознание, тем больше проблем, чем шире сознание, тем меньше проблем. Это одна из универсальных формул жизни, которая просвещает и показывает человеку верное направление. Из этой формулы следует, что сознание полезно расширять. Полезно для здоровья, для успехов в делах, как сердечных, так и любых иных. Из этой же формулы можно получить ответ на вопрос: «Откуда берутся проблемы?». Эта же формула дает понимание, «для чего нужны проблемы». Эта же формула дает мотив для действия. Если человек не займет активную жизненную позицию и не станет сам тренировать себя, то на помощь ему придут внешние факторы — неприятности, проблемы. Это закон. Это закономерность мира.

Итак, сама мысль о подавлении, угнетении своих чувств неверна. Почему?

Убивая свои чувства, проявляя ненависть к объекту своих чувств в настоящем, человек в этом самом настоящем создает неблагоприятный сценарий своего будущего. Если бы этот человек знал, что, проявляя вместо благодарности ненависть, а вместо раскрытия чувств, прерывая их (как нежелательную беременность), он грубо нарушает законы Вселенной — законы жизни, совершает преступление против себя и, как результат, создает предпосылки для своих будущих страданий.

Сделали вывод? Правильно. Чтобы расчистить свое пространство для хороших, радостных событий, необходимо потрудиться. Прежде всего, над своими мыслями. Порой необходимо серьезное волевое усилие, чтобы заместить поток черноты, льющийся из собственного ума, на что-то более приличное. Значит, надо сделать это усилие. Для того, чтоб было поле для приложения усилия, необходимо отслеживать свои мысли. В этом случае, когда через размышление, понимание или осознание человек приходит к тому, что берет за правило какую-то здоровую идею, тогда бывает легче сделать правильный вывод и ему следовать. Тогда помыслы светлеют. Тогда легче сбываются мечты.

Любовь — это награда и возможность эволюции души. Благодаря своим разгоревшимся чувствам, человек может приобрести такую красоту души, что независимо от природных внешних данных он становится привлекательным.

Привлекательным для всего окружающего мира, в котором обильно водится противоположный пол. ***Отсутствие внешней привлекательности никогда не является безусловным препятствием на пути к мечте, на пути к счастью.*** Главным препятствием является отсутствие безусловного принятия себя и влюбленности в собственную душу.

Каждый человек, когда ему на голову свалился подарок небес, дар — испытывать чувства, и они оказались безответными, он интерпретирует возникшие переживания по-своему — часто в соответствии со своими заблуждениями, иллюзиями. Если «ода́ренный» использует этот презент небрежно, грубо относится к нему, подавляет дар, вместо принятия и раскрытия, если игнорирует возможность эволюции, то он создает, формирует в настоящем события будущего: пройти этот путь вновь, только с гораздо большей болью. Такой человек, повторяя ошибку за ошибкой, устав от безысходности, в итоге рискует сделать вывод, что жизнь жестока, а люди вокруг сволочи. Почему он так решил? Он нашел верную оценку миру? Вовсе нет. Это ложная оценка. А возникла она оттого, что он (являясь человеком положительным) слеп и глух и не хочет ничего менять в своем мировосприятии, а значит, и в своей жизни. ***Положительное изменение мировосприятия приводит к положительным изменениям в жизни.***

Как думаете? Еще раз повторюсь — Мир закономерен. И это еще одна из закономерностей, которую вы можете проверить опытным путем.

Посмотрите трезво на вещи: один и тот же человек в разных ситуациях в разный период своей жизни по-разному относится к миру и к тому, как он устроен. Если в жизни все идет «шоколадно» — мир хорош. Если неудачи, потери — мир жесток. В одно и то же время, в одной и той же точке на земном шаре один и тот же мир может быть различным для двух людей. Различным — глазами этих людей. Значит, дело не в мире, а в глазах?! Чьи глаза? Кому они принадлежат? Пессимисту? Нытику? Оптимисту? Искателю истины? Гармоничному человеку? Бомжу или святому? Для всех он будет разным. Вот таков он этот мир. Он иллюзорен. Его иллюзорность подтверждается тем, что один и тот же, он разный для всех людей в одно и тоже время, в одном и том же месте, как и для одного человека в разные времена. Истинный мир, его красота открывается человеку только тогда, когда он избавляется от критической массы шелухи (ментального мусора) — оценок, суждений, привязок, агрессии, чувства несправедливости и прочего эмоционально-идейного хлама. А пока... представьте себе кинотеатр. Полный зал. Когда зрители выходят после окончания сеанса, вы их спрашиваете, что они смотрели. И выясняется, что один смотрел фильм про войну, другой — сказку, третий — ужастики, пятый — фигурное катание и так далее. И один подавлен и испуган от увиденного, другой радостный вдохновленный. Каждый видел на экране свое. Вы недоумеваете: «Как такое возможно?» Вот таков он наш мир — иллюзия. Экран один, помещение одно, а образы, ассоциации у всех возникают разные. А глазами звезд (не людей) мир каждую минуту, каждый день одинаков. Каков он был неделю назад, такой он и будет через месяц. Не об этом постоянстве идет речь, а о законах, по которым этот мир сотворен и живет (планеты вращаются строго по заданным траекториям, что бы себе ни думали-предполагали молекулы и атомы). Безусловно, мир меняется — идет эволюция во Вселенной. Но законы мира остаются прежними. И две тысячи лет назад он был почти таким же: кто-то то радовался, то огорчался, кто-то то возносился, то падал. Почему «почти»? Задумайтесь хотя бы на мгновенье... опыт. Мы имеем мировой опыт созидания, расцвета и разрушения за несколько тысячелетий. Особенно за последние сто лет. Опыт бессмысленности вражды и войн. Опыт лицемерия и невежества одних религиозных деятелей и самоотверженности и преданности своей вере, своим убеждениям других. Опыт фанатизма, бредовых идей, идеологических лидеров и их успешность в одурачивании своей паствы. Опыт, который только слепо-глухому не покажет очевидность того, что любая идея, замешанная на крови, обречена на крах, как бы искусно она ни маскировалась под благочестивую. Опыт, показывающий, как легко при дефиците любви в обществе. Это самое общество превращается в стадо при появлении пастуха — сильной личности, которая принесла идею, сладкую для самых дремучих умов. Но этот вывод можно сделать, только приобретя опыт. Теперь он у нас есть.

Вы спросите, в чем закономерность? А разве Вторая мировая война не является иллюстрацией? Мир столкнул в кровавой драме два лагеря, живущих на основе порочных идей. Два государства, один из лидеров которых мечтал весь мир выкрасить в красный цвет, другой — в коричневый. Ни того, ни другого лидера ничуть не смущало, что за реализацию своих идей нужно платить кровью и страданием миллионов людей. Каков итог? Один народ понял сразу, что он был одурачен, другой — спустя несколько десятков лет. Благодаря чему понял и тот и другой? Благодаря возникшим у каждого народа проблемам. И это закономерность. И заключается она в том, что без проблемы, без «неожиданно» возникшей боли и страдания сам человек («среднестатистический человек» — элемент стада) не проснется, не откажется от бредовой идеи, не встанет на путь служения и созидания. Делайте вывод. Интеллект-то имеется. Сделали? Правильно. *Спящий? Не беда. Небо поможет. Жди проблему. Она разбудит. Это закон. Не хочешь боли? Просыпайся сам.* Это и есть пресловутый механизм причинно-следственной связи, и он беспристрастно срабатывает хоть в отношении общества, хоть в отношении отдельно взятого человека.

Для чего мы соскочили с темы о наболевшем и полезли ввысь — в космос, во всемирную историю? Чтоб с этого ракурса увидеть свои заблуждения — свою субъективную оценку Мира. Мир одинаков для всех жителей этой планеты на протяжении их жизни. Законы этого Мира одинаковы для всех пребывающих в нем. То, что он играет разными красками, то черными, то белыми гранями, — это иллюзия спящих. Эта «цветомузыка» — закономерность, в помощь для спящих, дающая возможность пробудиться.

Идет рост научно-технического прогресса, вследствие чего меняются условия жизни, возникают новые нестандартные условия и события. События, которые в жизни происходят, можно подчинять своим интересам. Мудрецы говорят: *«Нет такого твердого, что не могло бы быть побеждено мягким».* Есть смысл присмотреться, прислушаться. Это поможет научиться управлению. Нужно определиться в главном: чего вы хотите — управлять своей жизнью или чтоб в ней хозяйничали обстоятельства, люди и случайности. Мы как раз разбираем одну из сфер жизни — личную, взаимоотношения с противоположным полом. Очень важно, чтоб эта сфера была налажена. Чтоб здесь был порядок, необходимо навести порядок в собственном внутреннем мире. Именно об этом ведем речь. Продолжаем.

Вариант № 4. Неприглядный вариант: когда от неразделенной любви человека тянет лишить себя жизни. Страшнейшая и одновременно глупейшая ситуация. Страшнейшая, потому что статистика показывает, как «костлявая» выкашивает направо и налево из жизни юные неокрепшие души, которые не в силах переносить ту боль, что они испытывают в роковой момент. Глупейшая, потому что, переживи они эту боль, спустя месяц, ну максимум год, им будет смешно от своих переживаний. Смешно и одновременно страшно от того, как близки они были к совершению ужасного поступка. Но горечь ситуации в том, что кому-то уже никогда не будет смешно — дело сделано.

Причины идеи прервать свою жизнь понятны и объяснимы. Чуть поговорим о них. Зная причины, легче предотвратить событие.

1-я причина — нелюбовь к себе. Огромный дефицит любви к самому себе, который человек рассчитывал погасить за счет вливаний извне, но потерял надежду.

Лечение: *выращивать любовь к себе. Как?*

1. *Прощать себя, давая себе право на ошибку.*
2. *Принять себя таким, какой вы есть, без условий.*
3. *Принять решение стать для себя лучшим другом.*
4. *Стать для самого себя самой надежной поддержкой.*
5. *Исключить из практики грубые слова в свой адрес, но говорить себе слова вдохновения, слова поддержки, слова любви.*
6. *Не допускать жалость по отношению к себе; жалость поменять на любовь.*

7. *Дать себе слово стать счастливым, независимо от присутствия или отсутствия в вашей жизни каких-либо личностей.*

8. *Встать на путь поиска истины. На этом пути приобретаются истинные ценности и сила.*

Все перечисленные рекомендации можно выразить одной, универсальной — *влюбиться в собственную душу.*

Очень важно одновременно отслеживать чистоту своих помыслов и поступков, чтоб не скатиться в высокомерие, в себялюбие, потому что это капкан. Себялюбие — это обратная сторона медали — жалости к себе. Мир закономерен, и в нем нет жалости. Следовательно, высокомерие — это одна из форм иллюзии.

Если ваш близкий человек вызывает у вас жалость оттого, что он несчастен, остановитесь вовремя. Жалость извне провоцирует *жалость к себе*, а *это вязкое болото*. Жалость придумали либо высокомерные, либо очень глупые люди. Если вас одолевает это нездоровое чувство — жалость, ищите возможность избавиться от нее, замените участием, милосердием, любовью, если это уместно, добавьте чувство юмора. Потому, что человек не нуждается в жалости, ему необходимы понимание и любовь. Если близкий вам человек испытывает трудности в том, чтобы достойно относиться к себе, то кто, как не вы, может помочь ему преодолеть эту проблему. Но не жалея, а давая поддержку. Поддержка может быть разной. Не всегда поддержка — это «поглаживание по шерстке». Иногда нужно помочь человеку встряхнуться — умышленно вызвать у него болезненные ощущения. В простонародье это называется «волшебный пендель». Только очень важно действовать разумно, грамотно и любя (несоблюдение этих условий может усугубить ситуацию и вызвать обратный эффект).

Не забывайте про юмор. В «*Золотых правилах успеха*» по этому поводу звучит полезная мысль: «*Человек выглядит комичнее всего, когда воспринимает себя слишком серьезно...*».

2-я причина — слабый дух. Малейшая боль — и жизнь теряет смысл. В такой ситуации небо окрашивается в черный цвет и уже невозможно радоваться жизни, из-за некоторого обстоятельства. Вот если бы это обстоятельство изменилось, вот тогда было бы другое дело. Но оно не изменится, значит, все плохо, значит, и нет смысла продолжать эту бессмысленную жизнь. Это мысли, которые может родить ум слабого духом человека.

Лечение: *Поднимать, укреплять собственный Дух. Как?*

1. *Необходимо выращивать внутреннюю силу через преодоление.*

Это нужно тренировать день за днем. Идем от простого к сложному. От более легкого — почистить зубы перед сном, до более трудного — прыгнуть с парашютом, или еще более сложного — отказаться от чая с плюшками поздно вечером. Самая доступная практика преодоления, укрепляющая и дух, и тело, — это поза «Всадник» (из индийских боевых искусств). Очень хорошо перед сном облиться тазиком ледяной воды. Хорошее преодоление и закалка. И еще сон будет крепче и нервная система устойчивей. Помните — *любое преодоление рождает силу.*

2. *Очень важно в момент преодоления не допускать страдания.*

3. *Взять за правило — возникшее страдание немедленно нейтрализовать с помощью юмора.*

4. *Отказаться от жалости к себе, так как жалость и нытье отнимают силу.*

5. *Учиться не привязываться: ни к людям, ни к предметам.*

6. *Учиться отвергать ненужные привычки.*

Да, дорогие мои, — учиться. Жизнь — это школа. В противном случае, отказываясь от обучения, человек рискует завершить свою жизнь подобием животного — состарившимся, капризным, страдающим, распускающим слюни. Но не подобием Бога — мудрым, умиротворенным, управляющим своим состоянием, своей действительностью (вне зависимости от возраста).

Это здоровая идея: идя по жизни, «наматывая» года, становиться ближе к Богу — радуясь каждому мгновению жизни. Умению радоваться тоже можно и нужно научиться. Умению брюзжать и ненавидеть учиться не надо — это приходит само, как проявление «лучших» черт характера, как следствие нездоровых, разрушительных мыслей и эмоций. Создайте для себя индивидуальную программу и ежедневно делайте преодоления, приобретая постепенно благие привычки. Благодаря несложным каждодневным усилиям — этим практикам, впоследствии становится смешно от своих прошлых переживаний.

3-я причина — иллюзорное представление об устройстве Мира. Иллюзия о том:

— что счастье — это исполнение желаний,

— что счастье — это когда девушка, к которой пылают огнем чувства в груди, без сопротивления движется в ваше пространство и находится в нем постоянно, ежедневно декларируя гарантии незыблемости желанной ситуации, при этом никогда и ни в чем не покушаясь на сложившееся волею судьбы ваше представление об устройстве Мира.

Не удивляйтесь, подобными иллюзиями, как программами, оснащены современные «компьютеры» — мозги большинства живущих ныне. Только пребывать в иллюзиях долго не получится. Судьба непременно устроит встречу — предоставит того, кто их разрушит. При дефиците знаний о премудростях бытия рано или поздно наступает момент крушения иллюзий. Когда у человека сложились ложные убеждения, то любое разрушение его представлений, устоев, иллюзий происходит болезненно. Он либо будет драться за свои идеалы, либо умрет от тоски, когда ему откроют глаза и скажут, например, что Деда Мороза не существует, а балерины тоже ходят в туалет.

Чтобы возникла страшная идея — надругаться над собственной жизнью, достаточно одной из перечисленных причин, но, как правило, все они подружки: неразлучны одна с другой. Как правило, эти причины — издержки в воспитании. Как правило, родители не воспитывают детей, а эксплуатируют их слабость и желают получить комфорт в жизни от присутствия в ней своих маленьких копий. Сначала, когда детки маленькие, родители нежно нянчатся с ними, а когда ляльки чуть подрастают, папаши и мамаши впадают в иллюзию, что за вложенные ими труды и средства их чада являются должниками, и нетерпеливо стремятся вытащить из своих детей вложенные в них инвестиции. Порой это стремление выливается в грубую эксплуатацию. Но мало кому охота чтоб его эксплуатировали, и в ответ на насилие дети порой выкидывают такие номера, что «небо падает на землю». И, к сожалению, простые, эффективнейшие тренинги-ликбезы на данную тему не пользуются повышенным спросом.

Поэтому обращаюсь в данном месте не к родителям, а к их детям: возьмитесь сами за свое воспитание. А ваших родителей не вините. Все издержки — дефицит мудрости, справедливости ради следует списать на *времена*. Ваши родители, дедушки и прабабушки жили во времена закрытого доступа к истинным знаниям. Родители не виноваты, они хотели как лучше, но не знали как. Зато вы теперь знаете. Более того — к родителям, чего бы они ни заслуживали, необходимо проявлять почтение. Это нужно самим детям, и не во имя морали, а ради открытия своих путей к успеху и дальше — к гармонии. Теперь вы и это знаете. Однако пойдем дальше.

— Погодите «дальше». А лечение?

— Хроническая потребность в рецепте — это патология. Лечение: *кукиш с маслом.*

Обидно? Знаю. Зато полезно. Зато заставляет размышлять и подвигает к главному — поиску самостоятельных способов решения своих задач. Кто ищет, тот всегда находит. И эти находки в тысячу раз ценнее, чем готовые рецепты. Поэтому задание — составьте рецепт самостоятельно из выше и ниже изложенного материала, сложите мозаику из имеющихся «стеклышек».

Вариант № 5. Возьмем такой вариант: человек влюбляется, и в нем загорается огонь жизни. Эту энергию влюбленный вкладывает в себя, он начинает активно заниматься собой — своей жизнью. Кто-то делает акцент на внешнюю форму, кто-то — на внутреннее содержание. Кто-то действует комплексно. Обладатель горящего сердца ищет способ удивить возлюбленную, проявить изобретательность, галантность, позволяя себе любить — проявлять чувства, заботу. Влюбленный ищет и находит в этом процессе наслаждение. Часто в душе возникает боль — некое щемящее чувство, оттого, что возлюбленная не с ним, что она его игнорирует или играет с его чувствами. Но этот влюбленный разумен, притом что во влюбленности люди часто теряют разум. И он тоже позволил себе потерять разум, в той его части, что отдался своему чувству. При этом он, своими мыслями и действиями, не дает возлюбленной повода не уважать себя, а наоборот. Уважающая себя личность проявляет свои чувства с достоинством, даже когда невыносимо больно оттого, что его мечта — его принцесса, не дает ему возможности выплеснуть, реализовать огромный потенциал нежности, заботы и страсти. ***Человеку, влюбленному в собственную душу, нет нужды искать потерявшийся в расстроенных чувствах и эмоциях свой разум.*** У такого человека ничего нигде не теряется. Он терпеливо и грамотно проходит этот *коридор судьбы,* принимая его изгибы и повороты. Чтоб выбрать наиблагоприятный сценарий своей дальнейшей судьбы, уважающий, любящий себя человек не позволит боли управлять его действиями и одержать над ним верх. Он трансформирует эту боль. И хотя влюбленного и заботит, что будет завтра — обратит *она* на него внимание или нет, на первом плане он отслеживает и культивирует свое состояние. Потому, «подкованный», он знает, что этот ***период влюбленности — самое удобное время для собственных преобразований.*** Становится отчетливо видно — над какими своими качествами работать, и как никогда присутствует здоровый азарт и огромный стимул совершенствоваться, расти. Если обнаружил, что имеет место некоторое пренебрежительное к себе отношение, значит, надо взрастить любовь к себе. Если тело как кисель, значит, надо им заняться и привести в порядок. Если в душе беспорядок, поработать над своим внутренним миром — убрать обиды, претензии к кому бы то ни было, освободиться от претензий как от зависимости. В голове кавардак?! Почитать литературу, для расширения мировоззрения, чтоб стать более интересным собеседником. Если есть черты характера, которые приносят дискомфорт в жизни, потренировать положительные черты и новые полезные привычки. Очень полезно поработать над развитием чувства юмора — универсальное качество и средство. Раньше было лень. Теперь есть стимул — любовь, желание привлечь в свое пространство возлюбленную. Все перечисленное выше коротко можно обозначить — создать для себя индивидуальную программу. О ней мы побеседуем в отдельной главе.

И вот так — сосредоточив внимание не на объекте, а в первую очередь на себе, вернее на собственном преобразовании, ухажер приобретает новое качество. И что происходит?! Помните, как в мультике: «...такая корова нужна самому». То есть человек начинает к себе лучше относиться, он присматривается к себе, раскапывает в себе положительное, умножает это положительное и становится красивым. Красивым прежде всего для себя самого и именно тогда и для окружающих. Пройдя, в стремлении заинтересовать объект любви, верный путь — путь собственного преобразования, поклонник чувствует себя намного уверенней, комфортней в жизни. Изменяются по приоритетам жизненные ценности — выстраиваются в правильном порядке, смещаются акценты интересов — становится понятным и привлекательным то, что постичь раньше не хватало «пороху».

И тут начинают происходить интересные вещи: достигнув более высокого внутреннего качества благодаря любви и боли, которая присутствовала в ней, влюбленный становится интересен объекту любви. Как правило, начинает развиваться диалог, который может привести к взаимным чувствам и гармоничным отношениям. Дальше «в добрый путь».

Стоп! Внимание. Еще не все. Впереди возможна опасность — ловушка.

Возможная опасность.

Когда события перешли в сладкую стадию, счастливый влюбленный думает: «Ну вот, слава Богу, достиг своей цели — она со мной! Теперь можно отдохнуть». Здесь, на этом этапе, когда возлюбленная открыла свои объятья для терпеливого воздыхателя, найдя в нем ряд положительных качеств, труд влюбленного не заканчивается, его эволюция не завершена. Нельзя прерывать процесс собственного роста, потому что отношения, которые сложились на данном этапе, нужно еще правильно выстроить, для того чтобы они приносили радость не только сегодня, но и завтра, и всегда. Он должен не только продолжать развиваться дальше сам, а теперь еще и *помочь* (ненавязчиво) своей любимой пройти собственный путь — путь собственных преобразований. Предположим, дело завершилось свадьбой и у возлюбленной сложилось впечатление, что она вышла замуж за человека, который ее безумно обожает, и готов для нее луну с неба достать, и всегда, до скончания дней, будет сдувать с нее пылинки. Если молодая женщина находится в подобных иллюзиях, нельзя оставаться безучастным к такому положению дел. Все, что терпеливо выстраивалось, с таким трудом, может оказаться под угрозой разрушения.

Завоевывая ее, наш герой изрядно потрудился и подустал, он может забыть о том, что ничего постоянного не бывает. И порхающей в облаках счастья пташке невдомек, что за всем, что она увидела в красивых поступках своего рыцаря, стоит огромный труд, неимоверные усилия. Возможно, новоиспеченный глава, не завершив процесса, захочет передохнуть. Возможно, ему захочется понимания и активного участия от его (пока еще условной) половинки, в быту их молодой семьи. Ему хочется дивидендов от вложенных инвестиций — отдачи от своих усилий, а она ждет продолжения сказки. Вот тут и начинаются обоюдные упреки. И он, и она — милые, замечательные ребята. Конфликты происходят не из-за того, что кто-то из них плохой или недостаточно хороший. Конфликты случаются потому, что *иллюзия* одного сталкивается с *иллюзией* другой. У нее иллюзии, это понятно. А чего *ты* хотел? *Ты* красиво и грамотно добивался, но не доделал «дело». Ее иллюзии, ее несовершенство — это вовсе не аномалия и не патология, это нормально, это естественно. Не надо надеяться на положительные особенности и ожидать их проявления, надо обратить внимание на свои сильные стороны, которые как раз и проверяются в конфликтной ситуации. Если поведение возлюбленной вызывает возмущение, значит, есть необходимость заняться сильной стороной своей личности — выращивать ее, поднимая на бо́льшую высоту. Нужно набраться терпения и довести «работу» до завершающей стадии данного этапа своей судьбы. Нужно создать пространство высокого качества, чтобы ей было настолько комфортно в этом пространстве, чтоб любимая захотела прислушиваться к голосу лидера семьи — мужчины. Если мужчина нажимает, упрекает, это не лидер, а тиран. Поэтому она не сможет прислушаться, а будет обижаться и разочаровываться. Если потерять терпение и действовать грубо, то можно разрушить все, что с таким трудом тобой же выстроено. Необходимо запастись терпением и ненавязчиво, исключая назидательные интонации, помочь возлюбленной понять, что в любви, в союзе двух любящих сердец, каждый из участников должен вкладывать что-то положительное в отношения. Необходимо помочь ей разобраться в вопросах бытия и помнить, что это нужно тебе самому, во имя собственного счастья.

Возможный поворот событий.

Бывает и такой вариант, что, проходя коридор, в процессе собственной эволюции, человек теряет интерес к объекту своих воздыханий. Помните анекдот: *Я так любил Монику и хотел на ней жениться, но она сказала, что я недостоин ее, потому что пью, курю и выражаюсь. Поэтому сначала я бросил пить, этого было недостаточно. Тогда я бросил курить, опять этого было мало. Потом я бросил «выражаться», а после я бросил Монику. Такой красавчик, я нашел себе подругу получше.* Тоже нормальный вариант. И так может статься.

Когда чувства растворились и страстное стремление уступило место равнодушию, тогда, как правило, у охладевшего воздыхателя возникает досада, и времена, когда он испытывал щемящие волнительные чувства, вспоминаются с ностальгией. То есть, когда эта боль присутствует, от нее хочется избавиться, но, когда она проходит вследствие наступившего равнодушия, возникает чувство утраты. Жаль угасших чувств, так как приходит осознание, что с ними жизнь была ярче, интереснее, в ней было чувство неуспокоенности, стремления. В этом стремлении человек многого достиг (по крайней мере, была дана такая возможность). Но это понять — обнаружить (для большинства), возможно только утратив то, что имели.

А что, в сущности, произошло?! Человек, развиваясь, приподнялся над собой. Во имя любви он стал трудиться над своими лучшими качествами и достиг успехов в данной области.

Когда человек развивается, он избавляется от иллюзий, как от шелухи, и его мировосприятие меняется. Поэтому может быть и такой исход: на определенном этапе своего развития он (трудящийся над собой) осмотрелся и увидел свою недавнюю пассию с иной стороны и обнаружил: капризная, взбалмошная, ее интересы — только тряпки, машины и прочая материальная дребедень; в ней нет души. Тело? Тут ничего не скажешь — хороша. Ну полюбуюсь неделю, год, ну два, потом ведь все равно наскучит. То, от чего сегодня текут слюнки, очень скоро станет привычным и скучным. Да и не вечна, не неизменна красота внешняя. Тело склонно стареть. Как сказал поэт: *«...красоту уносят годы, доброту не унесут...»* В то время как живительным бальзамом для сердца и источником вдохновения для пробуждения творческих сил является родная, родственная душа. Ее присутствие необходимо всегда и везде. Создавать пару с чуждой душой в комплекте с красивыми формами — все равно что дружить с куклой или с красивой автомашиной. Выстраивать совместную жизнь — не с телом, а с родственной душой. Растить детей — не с телом, а с той, которой можно доверить воспитывать своих детей. Преодолевать все трудности печали и заботы — не с телом, а с близким другом. Раскрывать свой творческий, деловой и духовный потенциал — не с телом, а с единомышленником. Когда в вашей подруге сочетаются эти наиважнейшие качества: родственная душа, заботливая, мудрая мама ваших детей, единомышленник и близкий друг, — тогда ее наружность приобретает совсем другое значение. Не представляющая интереса внешность становится привлекательной, а привлекательная становится еще краше. Не стоит вводить себя самого в заблуждение, утверждая, что такие женщины бывают только в мечтах. *Избавьтесь от критической массы шелухи, научитесь управлять своим состоянием, создайте благоприятным свое собственное пространство, и ваша половинка непременно найдет дорогу в него — ваше пространство.* Как этого состояния достигать? Как создавать качественное, привлекательное пространство? Об этом, собственно, и книга. Поэтому возвращаемся к правильному (мудрому) воздыхателю.

В процессе отношений и переживаний воздыхатель начинает размышлять: «Красивое тело — это прекрасно! Это замечательно! Это будоражит кровь! Вопрос в другом: кому это тело принадлежит? Какова хозяйка тела? Кто она? Есть ли хотя бы намек на родство души? Нету. Она оказалась чужой. Нет, такая девушка мне не интересна. Как я мог такой увлечься?»

Но ведь «прозрел»-то ухажер, благодаря тому, что трудился над собой. А мотивом потрудиться были чувства именно к этой девушке. А раз так, то это повод для благодарности в ее адрес. И если человек достаточно «высок», он проявляет именно благодарность, против иронии, высокомерия, обиды или презрения. Даже если с точки зрения социума разжигательница чувств вас недостойна, нужно иметь свою позицию на этот счет. Социум вашу жизнь за вас не проживет. Каждый свою жизнь может и должен прожить только сам. Есть необходимость поступать не в соответствии с тем, что подумают окружающие, а согласно своему индивидуальному уставу. Тогда вы завершаете с высоким баллом эту ситуацию и открываете путь для «подарка от жизни». Все это благодаря чему? Соблюдению пункта своего внутреннего устава — не допускать равнодушия, ценить свои чувства как дар небес.

Культивировать равнодушие, подавляя свои чувства, — это значит причинять себе вред.

Если предположить, что тот, в кого вы влюблены и с кем всеми фибрами души желаете быть вместе, не ваша половинка, все равно нужно раскрыть свои чувства к этому человеку и завершить отношения правильно. Правильно — это значит не подавлять свои чувства, не поощрять в себе равнодушие, а через данный жизненный эпизод научиться любви безусловной, не требующей, но дающей, чтоб уметь избегать обид, претензий и открыть путь для той настоящей любви, которой желаете, ждете. Тем самым открыть путь именно для своей половинки, которая обязательно придет в вашу жизнь.

— А что, эта любовь выходит ненастоящая, ложная?

— *«С любовью встретиться проблема сложная. Найдешь, а вдруг она — ложная, ложная-а-а...»* Да, есть такая песня. Симпатичная песенка и при этом хорошее методическое пособие, «как не надо делать» — женщина еще не встретила любовь, а заранее переживает, мучается *«...а вдруг...»*. Нет никакого смысла и пользы бояться или опасаться самой жизни. Необходимо быть подготовленным. Если человек живет грамотно, имея готовность принимать опыт, который ему предложит жизнь, то ему нет необходимости так нервничать. *Какая встретится, такая встретится, я отработаю любой сюжет по максимуму. У меня есть готовность из любой ситуации вынести только хорошее. У меня есть готовность дарить любовь, у меня есть готовность принимать любовь. В этой жизни мне никто не должен. Я в этой жизни должен только себе. Я должен себе сделать свою жизнь радостной. Для этого мне следует научиться любить.* Если таким образом человек выстраивает свои мысли, то у него максимум шансов на успех. Поэтому сама формулировка «ненастоящая любовь» неверна.

— А если все же любовь не удалась, то какая она?

— А что такое «удалась»? Какие критерии? На каком этапе вы готовы подводить итоги? Когда стаж вашей любви пятьдесят лет? Когда зубы уже не болят, потому что их больше нет? «Удалась» — это ваше состояние на какой-то определенный момент развития ситуации. Через день, месяц или год положение дел может поменяться в противоположную сторону, и тогда вы опять будете констатировать — «не удалась». Чтобы удалась, нужно умело выстраивать отношения. Нужно знать — *что* вкладывать в отношения. И одновременно наслаждаться каждым днем, каждым мгновеньем своей жизни, сейчас, а не потом (через пятьдесят лет), когда удалась. Здесь и сейчас, когда есть чувства, не взирая на «*...а вдруг...*». Это вовсе не означает, что с головой не нужно дружить. Это значит, что к своим чувствам надо относиться уважительно, так же как и к себе самому. А в данном случае, может быть, человек «*не ваш*», а может, *вы* не готовы к отношениям с *этим* человеком. Чувства-то тут при чем?! Человек, возможно, и не тот (что не факт), а чувства-то ваши. К чувствам нужно бережно относиться. А если вы не готовы к отношениям, не умеете их налаживать, то этот жизненный эпизод как раз то, что вам нужно. Опыт, навык, умение. Используйте возможность их приобрести.

— Навык?! Так что, выходит, эта любовь тренировочная, что ли?

— Называйте ее как хотите. Пусть будет тренировочная, если вам так нравится.

— А как узнать, пока неизвестен финал, какая она — тренировочная или настоящая?

Можно сказать кратко: «Любите не переживая, какая она. Раскрывайте свою любовь. Это принцип, *он* важен». Можно поумничать. То, что вы называете тренировочной любовью, приходит к неопытным в этой области и дает им возможность «пройти школу» — научиться любить. Чтоб тогда, когда привалит в следующий раз счастье полюбить, они были способны сохранить этот бесценный подарок — большую любовь. Представьте, свершилось: она пришла в вашу жизнь — настоящая. Ваш возлюбленный вами восхищается, он без ума от вашего умения строить отношения, а не знает, какие ошибки вы делали в недалеком прошлом, и, повстречайся вы тогда, не исключено, что вы бы вызвали у него разочарование.

Это прекрасно, когда люди, обретшие настоящую любовь, с благодарностью вспоминают тех, кто дал им возможность научиться ценить доброе в другом человеке, ценить нежное отношение к себе. Правда, часто к этой благодарности примешаны ирония или презрение. Если так, то это проявление не лучших черт характера: обидчивости, категоричности, жесткости. Эти черты могут проявиться и в будущем, в отношениях с дорогим и любимым человеком. В идеале: отследить подобные мысли и эмоции ко всем «бывшим» и убрать все лишнее — негативное, оставить только благодарность. Если такая позиция не возникла сама собой, то необходимо занять ее, через волевое усилие. Это дает больше шансов на хорошие — желанные — перспективы.

Поэтому говорю еще раз: боль в любви — это нормально. Главное, уметь сориентироваться в этом положении, родить здоровые мысли, сделать здоровые выводы и им следовать. Как сказал Ошо Раджниш: *«Любовь приносит боль, потому что она трансформирует. Любовь — это перемена. Любая трансформация болезненна: потому что на смену старого приходит новое».* Да, любовь может стать переменой, потому что она является катализатором к действию. Любовь может стать трансформацией, и тогда на смену старого придет долгожданное новое.

— Погодите! Один момент. Хотелось бы все же вернуться к *Варианту № 2.* К тому варианту, «...когда чувствами пылает амбициозная, темпераментная личность...». Вы утверждаете: «Любое богатство — денежный его эквивалент или талант, внешняя красота, может (в принципе) стать причиной трагедии человека. Так устроен этот мир, и с этим необходимо считаться». Вы действительно так полагаете?

— Да.

— Почему, на ваш взгляд, в мире так несправедливо?

— Законный вопрос. Потому, что бесполезно искать справедливости в нашем мире. Справедливость, это изобретение людей (из-за дефицита любви), и оно применимо исключительно для общественных законов. Но мир существует по иным законам. Эти законы установлены Творцом — ваятелем этого мира. Назовите их законами Бога, законами Вселенной, все они суть одно — законы жизни, законы бытия для нас, мирян. **Мир не справедлив. Мир закономерен.** Об этом есть смысл поразмышлять.

— Что это размышление может дать?

— В природе, в животном мире нет понятия «справедливость». Человек часть природы — биологическая система, наделенная сознанием, интеллектом и ярко проявленными чувствами и эмоциями. Гордыня, зависть, раздражительность, мстительность — это производные интеллекта, при поддержке природных инстинктов и приобретенных рефлексов. Только человеку дана способность любить и ненавидеть, наполнять свое сердце любовью и ненавистью. Если чье-то сердце наполнено ненавистью, кто наполнил? Какая-то личность? Какое-то обстоятельство? Если так, значит, человек не хозяин себе. Это показатель суженного сознания — вершины несовершенства. Человеку дана свобода выбора — на что потратить свою жизнь. Ты сегодня живешь так, что обстоятельства и люди могут наполнять твое сердце, чем им вздумается? Непорядок. Устраивает такое положение вещей? Твое дело. Не устраивает? Совершенствуйся — избавляйся от стереотипов, иллюзий, набирайся знаний для разума, приобретай здоровые привычки, превращая их в традиции, тренируй интуицию. Человек — подобие Бога. И человеку дано раскрыть в себе Творца и наполнять свое сердце любовью. И тогда понятие справедливости и несправедливости перестает существовать. В этом замысел *Наиглавнейшего режиссера — Творца*, в Его гениальной пьесе — трагикомедии под названием «Бытие». В настоящее время начался финальный ее акт «Бессмысленность животного бытия, если ты Человек».

Поразмышляв в таком направлении, вы придете к пониманию, на что нужно направить свою энергию: не на бесполезное занятие — поиск справедливости, а на изучение закономерностей этого мира. Это нужно, чтоб стали понятны его законы, принципы, по которым он построен, создан. Чтоб соблюдать эти законы. Чтоб избегать ненужных проблем. Чтоб управлять своей жизнью.

— А что, бывают нужные проблемы?

— А как же?! Проблемы нужны неосознающим своей действительности людям в помощь, чтобы двигаться — развиваться физически, душевно, духовно, интеллектуально. То есть для собственной эволюции. *Мужик станет креститься только тогда, когда грянет гром — возникнет проблема (угроза его безопасности).* Проанализируйте поведенческие особенности людей — нас с вами. Проблемы заставляют искать и находить, обнаруживать закономерности, совершать открытия и, как итог, — жить в одном ритме со Вселенной, постигая Бога. Даже неглубокий анализ может привести к пониманию, чего добивается Творец от своих детей — подобий.

— И чего *Он* добивается?

— Любви. Чтоб *Его* дети, *Его* подобия — люди, прекратили подменять движение души к состоянию любви общественной моралью. В этом плане, в сознании земного сообщества людей еще только завершается «каменный век». Мы замещаем понятие *любовь* критериями морали, нравственности. Некоторым политикам и священникам это выгодно. Сначала проводятся границы запретов, а потом надо всего лишь подождать, когда их непременно кто-то переступит. Вот тут-то они и подключаются — у них уже наготове клейма и указания. «Ты грязен, ты грешен, ты порочен. Ты не можешь без руководства, ты не можешь без управления. Ты не можешь без посредников. Мы будем тебя направлять, мы будем тобой управлять». При этом нас «подкармливают»: с экрана нежно, по-приятельски призывают желающих «освинячиться» — «время с «Толстяком» летит незаметно», или «сникерснуть», чтоб испортить ЖКТ. Правда, хотя и редко, но все же случаются светлые озарения — проскакивает маленькая божья искорка — звучит заставка: *«А ты позвонил своим родителям? Вспомни о них».* И те, и другие рекомендации так или иначе помогают нам расширить сознание. Ирония в том, что, завлекая к «Толстяку», нас честно информируют, предупреждают, «время с ним летит… незаметно». Людям, имеющим вкус к жизни, ясно и понятно: время — это как раз то, чем разбрасываться неразумно. Время — это дефицит. Это нечто очень дорогое. А кому жизнь наскучила, тот заинтересован, чтоб она быстрей закончилась. Такие, чтоб меньше мучиться, как раз ищут способ, чтоб время — жизнь — пролетела незаметно. При всем при этом тот, кто неглуп, догадается: убивая драгоценный божий дар — отпущенное время, проведенное с «Толстяком», человек приобретает нерадостную перспективу — тяжелое брюхо, слабое сердце и вообще сниженную потенцию жизни. Разве на это было отпущено время жизни?

Напоминание о наших близких позволяет хотя бы на миг остановить суету. Суетность — это другая крайность инертности. Так же, рано или поздно, придет понимание бессмысленности суеты. Часто, когда уйма времени «вылетела в трубу», приходит гнетущее ощущение упущенных возможностей и сожаление, что бестолково прожег жизни время и не менее бестолково суетился, проскочив мимо чего-то главного в жизни, при этом не нашел времени уделить родным, близким людям должного внимания. Вместо того, чтоб остановить суету, наоборот, поощрял ее, компенсируя дефицит времени небрежным отношением к себе — обедал сникерсами. Рано или поздно приходит понимание, что неприятные ощущения в душе и в теле (недостаток радости в жизни и приобретенный гастрит) имеют вполне понятные причины — собственные ошибки. Когда приходит понимание хронической ошибки, тогда появляется желание изменить свою жизнь. Хорошо, когда еще есть в запасе время, чтобы что-то изменить и успеть насладиться плодами своих преобразований.

Именно проблемы заставляют человека остановиться, осмотреться и начать задаваться вопросами: «В чем причина моих неудач? На что я трачу время? Что является первичным в этой жизни?».

Из вышесказанного следует, что вот тогда, когда человек сможет осознавать свои ошибки заблаговременно, до того как завершилось его участие в постановке Наиглавнейшего (жизнь на Земле), и исправлять их, совершая движение по жизни к Творцу, тогда человек перестанет нуждаться в проблемах. Вот тогда и начнутся другие времена (как говаривал известный телеведущий).

Подавляющее большинство людей страстно или не очень, но желает, чтобы настали «другие времена», но только единицы совершают действие, которое приближает этот благодатный период. И для тех, кто расширяет свое сознание, этот период неизбежно настает.

— Да, действительно, в жизни много суеты. Ну как же быть, когда нужно все успеть, а времени не хватает?

— Один мудрец сказал своему ученику: **«Успех в достижении истинной цели заключается не в увеличении скорости движения к ней. Но в спокойствии и чистоте ума.»** А чтобы ему было легче прийти к этому состоянию (чистоты ума), учитель дал ему несложную практику: *Задавай себе вопрос: «Кто я?» И не позволяй своему уму отвечать на него. Не позволяй ни одной мысли стать ответом. Когда в ответ тебе начнет приходить тишина, насладись ею. Это и есть истинный ответ. Не спеши теперь понять смысл моих слов. Продолжай движение, и придет осознание.* Эта рекомендация относится к философии жизни человека, который выбирает жить осознанно, который видит свою дорогу к счастью — через расширение сознания.

Если человеку не хватает времени, то как раз из-за суеты, из-за неумения организовать свой режим дня. Идея, что нужно увеличить скорость суеты, чтоб все успеть, да еще за счет сокращения времени на принятие пищи, — это одна из типичных иллюзий. Выбор такой технологии жизни едва ли приведет к счастью. Принятие пищи у наших предков всегда было ритуалом, с непременным чтением молитвы. Пища, вода, над которыми произносится молитва, приобретают благодатное качество. К сожалению, у нас эта здоровая традиция упразднена. Но есть места на планете, где эта традиция жива. И в наше время в ашрамах Индии и во многих индийских семьях принятие пищи — это ритуал, который начинается с чтения мантры. Еда, как процесс, превращается в духовную практику. А пища становится священной. Духовные практики очищают сознание и растворяют агрессию и гордыню, главных врагов человека. Это один из самых простых и доступных путей, по которому достигается ясность и чистота ума. И как результат — спокойное, уравновешенное, доброжелательное состояние, в котором быстрее и легче спорятся дела. Возможно, этим можно объяснить тот факт, что на единицу автомототранспорта в Индии нереально низкий процент ДТП и несчастных случаев. Возможно, поэтому найти индийца с гастритом — невероятно сложно. Даже в благополучной, спокойной Канаде, где никто никуда особенно не торопится (там спешат не торопясь), аварийность на дорогах на порядок выше. А заболевания ЖКТ на два порядка выше, чем в Индии.

А пока что еще присутствует суета или безучастность к своей жизни. Пока еще присутствует смещение приоритетов истинных жизненных ценностей — смысл жизни сводится к зарабатыванию средств для обеспечения своего ЖКТ, при этом человек относится к нему небрежно. Это напоминает гонку собаки за собственным хвостом — бесперспективное занятие. Собака никогда не догонит свой (купированный) хвост. И если барбосы и жучки таким образом играются от нечего делать, то человек, по сути делая то же самое, но с серьезным видом, думает, что живет. Пока существует такое положение дел в жизни человека, к нему будут приходить проблемы (в помощь, чтоб прекратить бессмысленную «гонку за хвостом»).

Проблемы — это есть установленный Творцом механизм «раздремучивания темных» — людей с суженным сознанием. Не хочешь проблем? «Раздремучивайся» сам.

— Ну вы и сказанули — «раздремучиваться». Хм. Нас уже призывали «окультуриваться».

— А что?! Замечательный призыв. Только едва ли кто-то понял, что за этой идеей стоит. Как нужно «окультуриваться», не было понятным, потому что автор идеи уж больно витиевато изъяснялся, поэтому никто не стал ничего предпринимать, чтоб не ошибиться. Идея «пробудиться» принадлежит не мне. Об этом говорят самые древние писания Веды. Об этом говорят все известные пророки, аватары, мистики.

Есть люди, которым проблемы не нужны, они им ни к чему. К ним проблемы и не приходят. Не приходят потому, что эти люди соблюдают законы Вселенной — живут в соответствии с правилами, установленными Творцом. Потому что эти люди способны жить осознанно. То есть необходимо не только знать, а еще и соблюдать эти законы, правила.

— А попроще можно?!

— Можно и попроще. Позвольте метафору. О том, что такое «жареный петух», не знает разве что младенец. Отец Небесный желает, чтоб человек, сохраняя свободу выбора, все же развивался, расширял сознание, выполнял задачу своей нетленной души, а не занимался баловством — гонялся «за своим хвостом» (да еще с серьезным видом). Для того, чтобы человек не застрял в своем развитии, *Он* обеспечил народ этой самой «жареной птицей», которая имеет свойство — больно клеваться. «Птица» пасется где-то сзади и никогда не упустит возможность применить свое свойство — больно клюнуть. И поскольку каждый здравомыслящий человек стремится избежать боли, этот неприятный фактор (боль) является поводом и катализатором для ускорения. Кто наблюдателен, тот понимает, чтоб «птица не клевала», нужно двигаться быстрее нее. Нужно ее опережать, чтоб она отставала. Исходя из вышеприведенных «научных» размышлений, можно сделать вывод: «Боль в заду — это от задержки своего развития. Боль в голове — это оттого, что игнорировал боль в заду». Тот, кто осознан, опережает «птицу», она остается позади — проблемы не догоняют. Тому, кто движется достаточно динамично, проблемы ни к чему. Ну, может быть, незначительные, для тренировки силы, для профилактики, чтоб не терять навыка, чтоб держать *состояние*. И не путайте, пожалуйста, ускорение расширения сознания — избавление от шелухи, с ускорением темпа жизни.

Вот так, «грубо говоря и мягко выражаясь», срабатывает закон причин и следствий.

— Это нелегко. Изучать, наблюдать.

— Да, это действительно нелегко. Но жизненно необходимо. Проблемы всегда будут напоминать об этой природной необходимости. Если не изучать и не постигать этот мир, то время от времени придется разочаровываться в нем и с горечью констатировать — мир несправедлив. А он и не замышлялся Творцом как справедливый. Мир создан закономерным. Мы уже с вами говорили об этом и еще двадцать раз будем вспоминать.

— Все же не могу понять. Как это — закономерен?! Как принять, что закономерным является то, что богатство может принести человеку несчастье? Ложь закономерна? Подлость закономерна? Страдания детей закономерны? Жестокость закономерна?

— От того, что вы не примете этот мир, а станете его отвергать, что-нибудь в мире или лично для вас положительно изменится? От того, что вы посвятите свою жизнь поиску виноватых, что-нибудь в мире или лично для вас положительно изменится?

— Нет, конечно, не изменится. Но все же… хочется понять.

— Вы, наверное, знакомы с таким пассажем: «Умом Россию не понять…»?

— Да-да. «…Аршином общим не измерить».

— Вот-вот. Юмор в том, что «не понять» не только иностранцам — людям с отличным от нашего менталитетом, живущим по иным общественным законам, но и коренному населению загадочного государства — нам с вами. Если умом Россию не понять, то остается либо ее принять такой, какая она есть, либо понять чем-то другим. Не умом. А вы хотите понять мир. И чем?! Рациональной логикой? И вот так, запросто, не изучая его особенности, не углубляясь в эзотерические знания, не раскрывая свои интуитивные способности?! Попробуйте оценить уникальное творение Бога, что находится на территории России, — Байкал. Это не просто резервуар с водой. Это жемчужина мира, великолепное, уникальное по свойствам озеро, богатое местами силы. Уникальное семейство рачков, которые не могут жить ни в одном другом месте, кроме родного дома — Байкала. Благодаря жизнедеятельности этих рачков — санитаров, вода в озере чистая, как слеза, близкая к дистиллированной (была до некоторых пор). Теперь попробуйте понять рациональным умом, почему человек — дитя этой земли (не какой-нибудь засланец), сливает в это уникальное божье творение отходы производства химического комбината. Понимаете? Вы будете находить объяснения, много объяснений, но понять этого не сможете. Точно так же вы сможете найти объяснения, но не сможете понять обжору, который ест, ест, и еще маленький кусочек, и еще один, а потом искренне сокрушается: «Ну, зачем же я так наелся, теперь вот страдаю». Вы никогда не сможете понять, почему он это действие повторяет — сам создает для себя страдание вновь и вновь. И тот, кто вредит своему телу, насилуя его обжорством, и тот, кто вредит своей родной земле, своей жизнью оставляя на ней грязное пятно, сами едва ли смогут понять — почему так делают.

— Ну почему?! Можно при желании понять, если поразмышлять. Если хорошенько подумать.

— Часто вы так делаете? Часто думаете за других?

— Ну, бывает. А что?

— Иногда в охотку можно и сделать попытку понять чью-то глупость, грубость или нелепость. Главное, не привязываться к своему выводу, потому что он, скорее всего, окажется субъективным. А вот решать свои собственные проблемы и задачи, разбираться в себе самом — это является наиболее актуальным и важным.

Мир, Вселенная помасштабней будет, чем Россия. Вы можете понять, как, по каким законам светит Солнце, чтоб обогревать Землю? По каким законам вращается Земля вокруг своей оси и Солнца? А по каким законам все планеты нашей Солнечной системы вращаются строго в одну сторону? А можете понять, почему одна единственная планета (Венера) вращается в обратную? Вы просто принимаете этот факт, не углубляясь в детали и принципы. Вы можете объяснить, в чем смысл этого вращения? Так как же вы с ходу, без подготовки хотите понять этот мир, его закономерности? Как вы можете рассчитывать, пошевелив мозгами, понять законы бытия на Земле? Кто это придумал, что бытие может происходить отдельно от Вселенной? Это придумало его величество Невежество. И если наблюдать за планетами и процессами в Космосе — это занятие для ученых специалистов, то за особенностями бытия может наблюдать любой здравомыслящий человек. Каждый в процессе наблюдения может совершать открытия. Правда, это процесс не быстрый. Это дело не одного дня. Чтобы открыть этот мир для себя, нужно встать на *Путь*. *Путь* познания. И в процессе этого *Пути,* этого познания, приходят ответы, понимание, осознание. И вы сами не можете объяснить, чем вы это поняли. Одно ясно, не умом.

Если Россию умом не понять, то мир и подавно. Ум здесь играет только лишь предварительную роль — роль катализатора, стартера. Что есть наш ум?! Четыре процента, в лучшем случае, активных клеток головного мозга?! На что ум способен при таком бедном оснащении?! Но у нас есть еще чувства, переживания. У нас есть интуиция, правда, в неразвитом состоянии. И, приняв этот мир таким, какой он есть, его можно изучать, наблюдать, прочувствовать, испытывать переживания. А интуицию можно и следует развивать. И тогда, через переживание, интуитивное мышление, приходит осознание, а это больше чем понимание. А мы пытаемся постичь что-то важное логическим умом. И когда не получается, то отвергаем непонятное. Самое смешное, что *непонятное* от этого никак не изменяется, оно продолжает существовать, жить своей жизнью, проявляя свойства, которыми наделил *его* Творец. Существовать — жить рядом с нами, вокруг нас, внутри нас. Следовательно, можно предположить, что ответы лежат за пределами возможностей исключительно интеллекта. Он необходим, чтобы сделать первое движение — принятие и размышление.

Вы можете, отталкиваясь от ума и от своих логических размышлений, возмутиться: «Чего эти планеты постоянно крутятся? Почему бы им просто не висеть?» Нормальный вопрос нормального профана в науках под названием квантовая физика, астрономия и как минимум астрология. Но вы не возмущаетесь, вы принимаете — ну крутятся и пусть себе крутятся, откуда я знаю, как правильно. Так почему же профан в науке «закон бытия на одной из крутящихся планет под названием Земля» возмущается происходящими на ней явлениями?! Астрология — это наука о закономерностях влияния на судьбу человека положения звезд. Наука о самом бытии, существенно «ближе к телу», намного шире, масштабней будет. Если крутящиеся планеты напрямую не задевают нашей нервной системы, то жестокость, злоба, подлость, ложь задевает. Оп-п-па-а-а. Минуточку. Не-профан в астрологии возразит: «Прямая связь проявления качеств людей от положения планет в системе. Различные комбинации положения небесных тел влияют на проявление лучших и худших сторон человека. «Да?» — озадаченно почешете вы затылок. «Да», — подтвердит вам специалист от астрологии. Изучение квантовой физики и астрономии дает повод освободиться от материалистического мышления и совершить движение в сторону космического сознания. Подчеркиваю — только повод. Дальше не пойдем. Этого достаточно, чтобы кое-что уже сейчас обнаружить, как раз используя то, чем мы сегодня располагаем наверняка — интеллект. Вы можете узреть, что там и здесь есть прямая связь, которая непосвященному не видна. И с помощью ума вы можете сделать вывод: ничего-то я в этом не смыслю. Значит, есть смысл присматриваться и изучать то, что рядом, перед органами восприятия. А пока не изучили и не разобрались, нужно принять *то*, что существует как непонятное пока, но закономерное, имеющие причины. Древние мыслители всячески, в разных формах, намекают нам из глубины веков, что *этот* мир — иллюзия. А ныне живущий аватар Шри Сатья Саи Баба открыто стучится в наш ум, взывая к сознанию: *«Никогда не верьте в этот мир как в реальность»*. Мы слишком большое значение придаем форме, материальной стороне этого мира. Пока остается такое положение вещей, нас будет беспокоить все неприятное, с чем мы сталкиваемся. Крутящиеся планеты — жестокость, ложь, несправедливость будут нам причинять дискомфорт.

Один мой знакомый суфий сказал: *«Человек возвращается в этот мир, чтобы испить из колодца, в который он прежде плюнул»*. Поясню. *«Возвращается»* — это значит перевоплощается. *«Испить из колодца»* — чтобы отработать свои кармические долги. *«Прежде плюнул»* — преступления прошлых жизней (неисполнение задачи души). Это объяснение для ума — «почему человек страдает». Как, понимаете?

— Про реинкарнацию говорите?! Что-то не очень-то верю. Никто оттуда не возвращался.

— А откуда вам это известно? Вы знакомы со всеми ныне живущими среди нас? Вы беседовали с каждым? Если бы кто-то вернулся и заявил об этом, то кто б ему поверил? Вы бы первые «распяли» его за это утверждение. Уже распяли, и не одного. Потом, от имени распятого, других, хоть немного похожих на него, сжигали на кострах. Господь присылает аватаров нам, «сонным», а мы ждем, что это будет что-то, сами не знаем что. Последний день Помпеи? Или Содом и Гоморра? В каком виде вы хотите, чтоб тот, кто туда ходил и вернулся, поведал о том, как там? Какую форму должно обрести явление, чтоб вы поверили?

— Ну, чтоб было убедительно.

— А разве Гаутама Сиддхартха (Будда) и Нагарджуна — это не убедительное явление? А Иисус Христос и Франциск Ассизский? А Мухаммад и Джалалуддин Руми?

Теперь, в наше время, живет аватар (боговоплощенный человек) на юге Индии в деревне Путтапарти, почитаемый земляками и людьми самых разных национальностей и вероисповеданий. Из самых далеких уголков Земли приезжают в его ашрам «Прашанти Нилаям» (Обитель Мира) и преданные, и искатели истины, и любопытные, чтобы почувствовать аромат атмосферы любви, которая создана этим великим Учителем. Чтоб в этой среде совершать открытия в себе, чтоб динамично осуществлять свой духовный рост.

Шри Сатья Саи Баба учит:

Есть только одна нация — Человечество.

Есть только одна религия — Любовь.

Есть только один язык — язык сердца.

Есть только один Бог. И Он вездесущ.

Куда уж убедительнее? Идет процесс. А вы говорите — никто не возвращался.

Сидят двойняшки у мамы в животике и беседуют: «Как ты думаешь, есть ли жизнь после рождения?» — спрашивает один. «Не знаю, — отвечает другой, — оттуда никто еще не возвращался».

— Теперь понимаете?

— Не очень.

— Поэтому, в этой книге, об этом мы речь и не ведем. Ответ и понимание лежит в области эзотерических знаний. Чтобы эти знания постигать, нужно отбросить обывательское материальное мышление. Это не легко и не быстро. Пока что есть ум, который хочет решить проблемы. Все они решаемы. И моя задача — поделиться самыми простыми способами их решения, подойдя только лишь к границам эзотерики. В ее предбанник, так сказать. Ум верующего материален, а уж атеиста и подавно. Есть верующий, которому нужны доказательства в виде чудес и прочих материальных форм. Только тогда он признает божественность, продолжая Бога ассоциировать с некоей формой. А есть верующий, который перешел в следующий «класс», это — *знающий*. *Знающий* — это тот, который знания получает по наитию. Это тот, кто хотя бы раз пребывал в состоянии абсолютной безусловной любви, кто хотя бы раз пережил божественный экстаз. Тот, кто пережил период безусловной божественной любви (пусть даже непродолжительный), знает, что такое Бог и в чем Он заключается. А заключается Он в сердце человека. Раскрыть, обнаружить Бога в своем сердце, в себе дано каждому. Найти Бога в своем сердце — это пережить, прочувствовать и достичь состояния гармонии — состояния любви. Это каждому по силам. И тот, кто стремится прийти к *этому* состоянию и всегда пребывать в нем, осознает, что ему мешает. А мешают внутренние проявления — антиподы любви: агрессия, зависть, жадность, ревность, тревоги, суета и тому подобное. Эти проявления — цепи, ограничивающие возможности личности. Человек, попробовавший состояние гармонии хотя бы «на один зубок», знает, что, выращивая в себе любовь, проявляя любовь, он избавляется от *ненужного груза*. Что, избавляясь от ненужного груза, он ближе к *этому* прекрасному состоянию. Он знает, что *состояние безусловной любви* — это и есть счастье и панацея от бед в одном лице. А поскольку прийти к *этому* состоянию нелегко, искатель ищет и всегда находит учителя. Верующий для поддержки своей веры нуждается в ритуалах и посредниках, потому что его вера слаба и хрупка. Слаба, но необходима, потому что с верой легче жить. По большому счету верой является **надежда**, что Бог убережет от опасностей, которыми наполнена жизнь. Верующий живет надеждой, что Бог избавит от страданий и исполнит просьбы. Эта **надежда** не что иное, как иллюзия. Беды все равно происходят. Потому что срабатывает Закон причин и следствий, установленный не кем-нибудь, а самим Господом. Так в иллюзиях, в ожидании чуда жизнь многих проходит и заканчивается. А Всевышний призывает к действию — движению. Процент верующих, которые заняты движением к Богу вместо пассивных надежд, весьма и весьма невысок.

Знающему не нужны посредники между ним и Богом. Он совершает движение к Христову сознанию. А учитель ему нужен, как помощник, чтоб преодолеть тот хлам, которым наполнился его ум за период взросления.

Когда человек стремится познать истину, приходит осознание, что любовь — это формула жизни. Любовь как состояние. И тогда он легко расстается со своей «шелухой» — масками, имиджами, обидами, заблуждениями и другими собственными проявлениями, приносящими ему в жизни дискомфорт.

По пустыне шел человек, он изнывал от зноя и жажды. Его ноги утопали в песке, в руках он держал булыжники, на голове его была гнилая тыква, за спиной висел курдюк с гнилой водой, а на шее жернов от мельницы. Силы путника были на исходе, но он смиренно нес свое «добро» и думал только об одном: «Какой я несчастный, еще несколько шагов — и я упаду». И тут его затуманенный взор узрел на горизонте оазис. У странника прибавилось сил. Вдохновленный, он зашагал быстрее. Когда путник приблизился к долгожданному зеленому островку, ему повстречался старец, который спросил путника:

— Зачем ты несешь в руках эти камни?

— Не знаю, — ответил удивленно путник, — я всегда их ношу.

— Брось их, и тебе станет легче.

Путник бросил камни и почувствовал облегчение. И зашагал свободней к своей цели. Следующий встречный спросил путника:

— *Зачем ты держишь эту тыкву на голове, она совсем сгнила. Брось ее, и тебе станет легче.*

Путник бросил тыкву, и ему стало еще легче. У него прибавилось сил, и он почувствовал, как на смену страданию, которое было в пути, приходит радость.

Когда он в прохладной тени зеленой листвы утолил жажду, к источнику пришел человек, который спросил путника:

— *Зачем тебе этот курдюк с гнилой водой? Почему ты не можешь с ним расстаться? Посмотри, сколько здесь чистой свежей воды.*

Путник отбросил свою ношу, еще более воспрянул духом и ощутил, как радостью наполнилось его сердце. Набравшись сил, вдохновленный путник приготовился продолжить путешествие. На выходе из оазиса ему повстречался мудрец, который поинтересовался:

— *Уважаемый! Зачем вы носите этот жернов на шее?*

Путник растерянно развел руками.

— *Не знаю. Я не могу ответить на этот вопрос. Я всегда его носил. Я ношу его всю свою жизнь. Так делал мой отец, так делал отец моего отца.*

— *Он тяжел. Без него ваш путь станет легче.*

Страшно было отходить от привычных традиций, но сердце путника подсказывало ему, «надо что-то в своей жизни изменить». Путник сделал усилие и освободился от тяжелой ноши и почувствовал такую легкость, что ему захотелось летать. Он оттолкнулся от земли и полетел. Оказывается, этот человек умел летать.

Вот эта ноша и есть ненужный груз — «шелуха», которую мы таскаем по жизни, в виде ложных знаний, вредных привычек, глупых традиций. Мы горбимся от тяжести этой «шелухи», а не видим, что именно этот груз (а не внешние признаки) является причиной наших тягот. Заблуждения, иллюзии — это балласт, не дающий сделать шаг к тому, чтобы открыть для себя великолепие этого мира. И, только встав на путь познания себя, познания Бога и закономерностей этого мира, мы можем обнаружить, что за багаж мы несем по жизни в своем сердце, в своей душе, в своем уме. И избавляемся от лишнего — мешающего, не колеблясь, тогда и приходит момент знания, тогда и появляется чувство полета. Мир остался таким, как и был вчера, но не для вас, освободившегося из тюрьмы своего собственного невежества. Для свободной личности мир поворачивается другой своей стороной — не с видом на помойку, а на прекрасный цветущий сад. Вы живете в состоянии радости. И при всем этом вы психически здоровы. Это несправедливо по отношению к тем, кто остался там — «за колючкой» своих догм, убеждений, что «Земля — блин»? Несправедливость — это иллюзия. Следовательно, все по закону. Значит, справедливо. Для того, кто встал на путь движения к истине, через собственные внутренние преобразования, вопрос о справедливости постепенно теряет свою актуальность.

И ваши вопросы как раз стимулируют размышление и поиск истины. А истина в данном случае в том, что ***внешнее — преходяще, временно и вторично***. И тот, кто делает ставку на второстепенное, как правило (из которого всегда полагаются исключения), получает боль и разочарование. Как утверждает Лао-Цзы, *«самый благодарный путь (по жизни) — это размышление»*. Размышление и поиск со временем неизбежно и наверняка приведут искателя к здоровому выводу, что обретение *внутренних богатств* открывает человеку состояние гармонии. Эти богатства невозможно потерять, их нельзя похитить, они всегда под рукой. Чем раньше этот вывод сделает человек, тем короче его путь к гармонии. Никто здесь не призывает к аскетизму, к отказу от материальных благ. Вопрос, на каком месте они стоят для человека. Какое значение человек придает материальной стороне своей жизни. Представьте себе «батюшку», который во время службы в божьем храме никак не может отвлечься от навязчивой мысли о неприятном: «Чего же это коленвал на моем «BMW» застучал? Месяц не отъездил. Куда катится мир?! Вокруг одни обманщики — даже священнослужителю могут подсунуть бракованную машину. Ничего святого у людей. Надо бы в сервис заехать. Кожей чую — влетит мне ремонт в копеечку».

Жизнь — суета сует. Впервые это утверждение я услышал от священника. Тогда я еще не знал, что данная формула жизни — это не более чем один из вариантов этой самой жизни. Данный вариант — это чей-то свободный выбор, а не догма и не приговор.

Свобода выбора каждого из нас, живущих на Земле, остается на протяжении тысячелетий священным правом. Каждый из нас использует его в зависимости от широты своего сознания. Вы можете это священное право использовать, встать на путь обретения состояния гармонии, оставаясь в миру. Как можно охарактеризовать состояние гармонии мирского человека? Какие составляющие этой мозаики — гармонии? Какие качества следует развивать, чтоб прийти к этому состоянию?! Красота и широта души, что проявляется доброжелательностью и щедростью. Сильный дух, при коем возможно великодушие по отношению к любым проявлениям внешней среды. Набор здоровых идей и знаний в разуме, которые помогают человеку, еще не обретшему способность интуитивного получения знаний, сделать правильный вывод и совершить правильное действие. Вот самый простой, даже поверхностный ответ.

Глава 2. Любовь и ангелы

Если хочешь быть любимым, люби.
Сенека Луций Анней

Чем длинней *коридор*, тем больше может приобрести человек. *Коридор боли* может, но не должен быть слишком длинным. Если этот путь затянулся на годы, существенная из возможных причин одна — мешок заблуждений, который вы несете в своем разуме, слишком объемен, а динамика, с которой вы освобождаетесь от этого мусора, недостаточно высока.

— Поясните.

— Поясню. Если вы еще не научились успокаивать свой ум и слышать свою интуицию, то только Господу Богу и Его слугам — ангелам, известно, где, на каком жизненном этапе находится для вас подарок, и что вам нужно сделать — совершить, чтобы этот подарок стал доступен. Вашим ангелам известно, сколько труда вам нужно вложить, чтобы, «дотронувшись» до этого подарка, не испортить его, не потерять. Ангелы знают: то, что просит у небес человек (принца или принцессу), есть, существует в природе. Где-то, в какой-то точке пространства и времени, дозревает «бутон», чтобы раскрыться и начать движение вам навстречу. Но для того чтобы пути заказчицы принца и самого принца пересеклись, нужны определенные условия. *Он всю жизнь искал идеальную женщину, а когда нашел... оказалось, что она искала идеального мужчину.* Чтобы подобного конфуза не произошло, нужно терпение, наблюдательность и доверие своим ангелам. Для этого *ведущие* невидимые силы наверняка направят своего ведомого (например, неопытную, полную иллюзий девушку или живущего в заблуждениях зрелого мужчину) на прохождение очной школы «Учимся любить». Эта школа — сама жизнь.

Это учебное заведение богато процедурами по очистке от «шелухи». Школа располагает огромной армией внештатных сотрудников, каждый из которых может, в любой момент жизни, явиться к вам и эти мероприятия начать проводить. «Ой! Неприятно! Не вкусно!», — морщитесь вы от этих процедур. Где ваше терпение и наблюдательность? Вы же сами просили небо подать вам принца на блюдечке. Ваши ангелы «крутятся», стараются, на самом дальнем этапе уже готовят вам подвенечное платье... Хотите одним глазком взглянуть? Пожалте, вот сюда в щелочку, одним глазком. «Кр-расивае-е-е. Ой! Так оно ж мне не по размеру. Оно ж мне не подойдет», — забеспокоитесь вы. Об этом и речь. Ангелы вас «подгонят» под это платье, с помощью процедур. Продолжительность «сеансов» и их количество зависит от того, насколько вы далеки от совершенства — на «пару трамвайных остановок» или как до Луны. Вы же заказали принца, а ваш принц заказал принцессу. Вы хотите ею быть?! Хотите. Ангелы помогут вам пройти процедуры — убрать «на боках» излишки капризности, ревности, обидчивости, грубости, глупости и тому подобное. Хотите принца? Подставляйте бока под веник, сотрудники школы будут выколачивать, выпаривать из вас критическую массу проявлений, которую если не убрать, то принц, наверняка обрадовавшись при встрече, через неделю будет искать выход из вашего пространства.

Именно благодаря своим ангелам человек приобретает полезный навык — разбираться в людях, и определяется в своих целях. Помощь в исполнении желания — встрече с принцем, может выражаться в том, что ангелы направляют свою ведомую по определенному пути — встретиться с каким-нибудь внешне привлекательным обормотом, чтоб с его участием претендентка узнала, почем фунт лиха. Знание «стоимости фунта лиха» дает способность ценить достоинства того, кто рядом, и терпимость к его недостаткам. Такая способность — залог успеха в отношениях. Поэтому ангелы подстроили эту встречу и благословили на отношения (заведомо зная, что они временные), в которых заказчица по их расчетам должна приобрести качества, достойные того, о ком она мечтает. Ангелам известно, что при сегодняшнем положении дел — наборе внешних и, самое главное, внутренних качеств, у заказчицы объекта нет хороших перспектив. Нет минимальной композиции соответствий. Ведь у принца тоже есть определенный набор требований к своей потенциальной паре. Она — ведомая ангелами. Ангелы ставят задачу. Надо потрудиться — подтянуться, чтоб набрать «проходной балл». И если ведомая уклонилась, то движение колесиков, приближающих желанное событие, останавливается. Желаемое не приближается до тех пор, пока ведомая все же не примет помощь ангелов — не потрудится над собой.

Когда человек принял условия самой жизни — помощь своих ангелов, и стал преобразовывать свои слабые стороны в сильные, начинается процесс приближения двух точек в пространстве. И если процесс преобразования достигает нижней границы нормы, то происходит встреча и начало отношений. А поскольку *отношения* необходимо *выстраивать*, то у умелого «строительная конструкция» удается легче и качественней.

Такой вариант. Вот, ведомая — юная или зрелая дева, потрудилась, но не выложилась полностью. Принц на подходе, он тоже стремится, тоже желает найти принцессу. А ведомая притормаживает свое преображение и пока еще обладает слабым набором данных, для того чтобы при соприкосновении — встрече, и даже начале каких-то отношений не потерять возникшие возможности (перспективы). И поскольку принц «готов» (как говорится, «клиент созрел»), долго его ангелы придерживать не могут. Если потенциальная принцесса «тормозит», ангелы принца не могут лишать его счастья, и меняется направление его движения, ему устраивают встречу с другой — с той, которая «созрела». А у «двоечницы» всегда остаются потенциальные варианты. Когда она «дойдет до нужной кондиции», встреча непременно произойдет. Она может произойти в самом неожиданном месте, куда ее «случайно» забросит судьба.

Внимание! Хочу обратиться к вашему интересу — как правильно расставить акценты. ***Совершенствоваться нужно не для того, чтоб понравиться принцу*** (это обстоятельство является неизменным, приятным побочным эффектом), ***а для того, чтоб сделать свою жизнь счастливой.*** Знание и соблюдение этого правила являются принципиально важными. Вы должны отдавать себе отчет в том, что собственное преобразование вы совершаете не для кого-то, а для себя. *Кто-то* может являться мотивом для действия. Позвольте этому *кому-то* сыграть именно эту роль — роль мотиватора. Если перепутать местами эти условия, то получится самообман, который в перспективе приведет к конфликтам и с принцем (принцессой), и с самой (самим) собой. Все, что человек делает, он делает ради себя самого, во имя своего собственного счастья. Если подобным образом — трезво смотреть на суть вещей, то это хорошая предпосылка избегать претензий, большинство которых являются не более чем собственным отражением. Продуктом претензий являются конфликты. Продуктом конфликтов — потери, боль разочарований. Желание избегать всех этих неприятностей — вот главный мотив собственного внутреннего роста.

Поэтому, пока *заказчица* не готова следовать верным правилам, в ее пространство будут приходить нежеланные (с точки зрения заказчицы), но необходимые (с точки зрения исполнителей заказа) «сотрудники школы» (тренеры-обормоты), чтоб помочь заказчице научиться любить. Это не злая судьба, а проделки — помощь — заботливых и строгих ангелов. А раз они *заботливые и строгие,* то не бросят на произвол судьбы свою ведомую. *Они* действительно ее любят, поэтому подкидывают задачку — эдакий, как вы сами выразились, тренировочный вариант любви. Ведомая влюбляется и, возможно даже, ошибочно считает, что это и есть долгожданный принц. И все вроде бы складывается красиво вначале, но на каком-то этапе (согласно сценарию) принц начинает чудить. Заказчица в расстроенных чувствах, она обескуражена: «Как же так, что за жизнь? Нет принцев, одни уроды». Она «сдувается», плюет на всё и всех. Объявляет знакомым, что нет в жизни счастья, а миру — бойкот и свое несогласие с его законами, которых она толком не знает и, естественно, не соблюдает. Она была на миллиметр от заветной цели, но не хватило выдержки, терпения и маломальской мудрости. И, как правило, нехватка перечисленных качеств сопровождается дефицитом любви к себе. Ангелы соображают: «Как же привести нашего подопечного к открытиям простейших законов?» Что-нибудь придумают, какой-нибудь урок — очередную тренажерную ситуацию. Подкинут какого-то учителя или учителей; может, в виде очередного обормота, а может, мудреца, возможна и их комбинация. Это уж как повезет — как решат ангелы. Если подопечный упорно не «въезжает» — не принимает *такое* участие ангелов в своей судьбе, то ему начинают казаться бесконечными неприятные события, происходящие в его жизни. Он терзается вопросом: «Почему?», хотя ошибка скрыта в самой постановке вопроса (не «почему?», а «для чего?»). Ясно как белый день: человек сам создает нежелаемые ситуации своим нежеланием потрудиться над собой.

— А почему же у некоторых все легко, без усилий, как по маслу?

— Ну и что? Займитесь исследованием этой области жизни, и наверняка вы придете к ряду интересных выводов. Не хотите заниматься исследованиями? Вы служите бухгалтером? Баланс еще не сдали? Вам некогда? Нет проблем, поделюсь результатами своих исследований, может, сгодятся.

Да, у всех людей жизнь протекает по-разному. Разные судьбы у людей. Люди разные. Это естественно. Притом что законы одни. Так почему же?

Первое — вспомните один из актуальных законов Вселенной: ***не оценивай*** (раз некогда исследовать). Это для Господа Бога принципиально, *Ему* нужно, чтоб нас с вами не мучила «мармеладная» жизнь этих самых других. Ведь она — повод для зависти. Это всего лишь провокация, а вы не поддавайтесь. Если зависть проявляется, значит, до любви вам далеко. Зависть — это нездоровое, тормозящее внутренний (личностный и духовный) прогресс, разрушающее чувство. Зависть — это несвобода. Поразмышляв, возможно, вы поймете замысел Творца, когда *Он* устанавливал законы бытия. Мало проку в том, что человек радуется в какой-то частной ситуации, когда его случайно намазали вареньем. Такая радость — это слишком мелко и малосущественно. *Состояние любви* — вот истина, масштаб и счастье одновременно. Создателю необходимо, чтоб человек пришел к любви, а значит, к Нему — к Богу. А Бог во всем. В вас, в том, кому вы завидуете, на кого злитесь, кого оцениваете или осуждаете. Законы таковы, что вы, если дружите с головой, настрадавшись, поймете, что до тех пор, пока у вас присутствует зависть, не откроется дверка исполнения ваших желаний. А раз Всевышний поставил перед нами одну из задач — искоренить в себе зависть, значит, должен существовать в природе ее (зависти) раздражитель. Мир закономерен.

Второе — вспомните еще один закон: ***никогда себя ни с кем не сравнивай, никого не сравнивай с собой.*** У каждого человека разная задача души. То есть задание, с которым данная душа прибыла в материальный мир, воплотившись в материальном теле, отличается от задания любой другой души. Задачи у всех разные по глубине, сложности, масштабности (одна из причин, по которой не нужно *сравнивать*).

Третье — у каждой души разная кармическая нагрузка (прямая связь с задачей души).

Четвертое — у каждой души — человека, разные по строгости ангелы. Каким-то ангелам нет дела до того, чем их ведомый занимается на Земле: предает ли друзей, пьет ли водку, совершает ли преступления, не уважает ли родителей, калечит ли своим воспитанием своих детей. Нестрогие ангелы не станут «одергивать» своего ведомого, останавливать его, когда тот повторяет хроническую ошибку, позволяя ему тем самым углубляться в иллюзию самодостаточности. Например, ангелы могут игнорировать такой случай, когда их ведомый, являясь «дремучим», динамично движется к успеху в какой-то материальной области бытия. Допустим, что в данном случае *Небо* знает, видит, что неосознанно выбранный человеком сценарий ведет к уклонению от исполнения задачи души и к краху в ближайшем будущем. Небо знает, что если *его* не остановить, то *он*, не помнящий задание, ради которого прибыл в эту командировку, в материальный мир, не выполнит его и упустит данную возможность — жизнь. Потратит ее впустую — на гонку за миражом. За это придется ответить. За это придется платить. Но *он* (ведомый), увлеченный «игрой», понятия не имеет о правилах небесной канцелярии. А ангелы лояльны, не препятствуют своему ведомому в совершении ошибок. Часто головокружительный успех является локомотивом, который мчится на полной скорости в пропасть.

— Вас послушать, получается, что к успеху не нужно стремиться.

— Смотря как слушать. Смотря к чему прислушиваться. Успех — это вовсе не плохо. Плохо — иллюзии, слабость, неподготовленность. Вернее сказать, это не плохо, это опасно! Успех, достигнутый в иллюзиях, непрочен, недолог и сменяется крахом. Плата за иллюзию и неосознанность — сильная душевная боль, с который не каждый может самостоятельно справиться.

Вот такими я вижу причины: почему у всех все по-разному.

— Ну, ведь не про всех тех, кто достиг успеха, даже проливая чьи-то слезы, можно сказать: «Он плохо кончил»?

— Ага-а-а! Вам нужно подтверждение, доказательство расплаты, чтоб вам спалось спокойно?! В мире все настолько разумно предусмотрено и построено, что не придерешься. Хотя на поверхностный взгляд этого не скажешь. В чем здесь разумность? В том, что **доказательства нужны тому, кто жаждет наказания для тех, кто по разным причинам стал ему несимпатичен**. Вселенная не намерена поощрять злорадство. Вселенная призывает научиться любить. Вселенная призывает научиться сострадать. Сострадание присуще только тем, кто умеет любить. Если обобщить, то Вселенная призывает каждого заниматься своим собственным преобразованием, что каждому по силам, правда, требует затрат труда. Наблюдать и обсуждать «соринку в глазу» ближнего — это занятие подходящее для лодырей и невежд. В осуждении и обсуждении чужих недостатков нет никакого созидательного труда, нет никакого роста. Уклоняться от работы над собой — значит оттягивать достижение успеха.

К успеху нужно быть подготовленным. С успехом нужно уметь обращаться. Если успех кружит человеку голову, то он может забыть о том, что был сострадательным когда-то, когда успех не давался ему в руки. Часто успех провоцирует проявление высокомерия. Такое положение дел не соответствует промыслу Творца. В *Его* планы входит, чтоб человек — человечество пришло к любви. Он все устроил таким образом, чтобы для человека стало очевидно, что *любовь — это формула жизни*; чтоб человек сделал верный выбор — построил свою жизнь по принципу движения к Богу, раскрывая его в себе через проявление, любви, стирая страхи, претензии, обиды. А часто возникающие неприятные чувства и негативные мысли — всего лишь указатели, дающие возможность человеку заметить, что он пока еще не *идет*, а *блуждает*.

Если человек духовно здоров и развит, он сострадателен прежде всего к тем, кто недостойно себя ведет в отношении его самого.

Гаутама Будда сидел под деревом вместе со своими учениками после длинного перехода и отдыхал, когда к нему подошел человек и плюнул ему на одежду, желая выразить свое презрение. Будда посмотрел спокойно на человека и тихо спросил: «Тебе что-нибудь еще от меня нужно?». Видевший все это ближайший ученик Будды Ананда подскочил и вскрикнул: «Учитель, позволь мне, я проучу этого человека, его надо наказать, он плохо поступил». На что Будда так же спокойно ответил: «Ананда, ты стал моим учеником, но постоянно забываешь об этом. Если ты убьешь этого человека, ты станешь похожим на него. Посмотри на его трясущиеся от гнева руки, посмотри на его красные от бессонницы глаза. Наверное, он всю ночь не спал, чтобы решиться на этот поступок». И, повернувшись к человеку, сказал: «Ты устал, пойди домой, отдохни».

Человек никак не ожидал такой реакции Гаутамы. Понурив голову, он поплелся прочь, но спустя час вернулся, упал перед Буддой на колени и взмолился: «Прости меня, я наслушался сплетен о тебе и готов был умереть, но выразить свое презрение. Теперь я понимаю, что поступил непростительно глупо, и прошу у тебя прощения».

«Мне не за что тебя прощать, — возразил Будда, — я не осудил тебя. Ты не причинил мне зла. Мое тело — всего лишь прах, оно возникло из праха и когда-нибудь опять станет прахом, оно претерпит множество изменений. Но я очень рад тому, что ты вырвался из того ада, в котором пребывал. Никогда больше не попадай в это состояние, прошу тебя. Ступай с миром».

Вот яркий пример сострадания. Дело в том, что сострадать тому, кто находится в затруднительном положении, кто нуждается в помощи, для большинства из нас не представляется сложным. Особенно если при этом не требуется материальных и физических затрат. Что, по сути, является сочувствием. Истинное сострадание — это лояльность к тому, кто проявляет недобрые чувства по отношению к вам. Конечно, для проявления такого сострадания нужна сила, нужен великий дух. Великодушие присуще только сильному. Слабый будет ныть, обижаться, искать способ расквитаться, чтобы удовлетворить потребности своей слабой стороны. Слабый успокоится только тогда, когда увидит (или услышит) страдания недруга. Повторюсь: *Вселенная не намерена поощрять злорадство. Вселенная призывает научиться любить.*

Вот так, говоря о любви, о взаимоотношениях, мы плавно пришли к теме «сильный и слабый». Все верно. Успех и неудача в любви имеют прямую связь с данными сторонами личности.

— По-вашему получается, что сильные личности в любви должны быть успешны, а слабаки наоборот. А я знаю случаи, когда сильный человек не мог устроить свою личную жизнь. Какая может быть причина?

— Наверняка вам встречались в людях такие сочетания: сильный характер и дремучий рассудок; сильный дух и узкое сознание; сильная воля и ложные жизненные ценности; мощный интеллект и глубокие иллюзии; яркий талант и непомерная гордыня. Это просто возможные варианты внутренних качественных композиций, в которых какой-то существенный недостаток обесценивает достоинство. Сильный дух — это только элемент гармонии. Гармоничный человек не имеет проблем в личной жизни. Сильный и дремучий, сочетание не дающее достичь гармонии. Сильный, одаренный, но наделенный непомерной гордыней. Такая гордыня может перечеркнуть все достоинства человека. Сила — это еще не все, что нужно для счастья. Богатые энциклопедические знания — это еще не все, что нужно, чтобы прийти к истине. Один мой знакомый суфий по этому поводу заметил: *«Начитанный болван — страшнее пистолета».*

Глава 3. Что же такое любовь?

> *...Любовь есть не что иное,*
> *как желание счастья другому лицу...*
> Дэвид Юм

— Так хорошо на словах у вас получается. Наверное, многие согласятся, пока не влюбятся.

Так как же все-таки быть? Бывает, возникают такие чувства, что невозможно контролировать себя. Любовь ослепляет, любовь оглупляет. По-вашему — нужно быть разумным в любви. Так что, выходит — нельзя отдаваться любви?

— Не то что можно — нужно. Необходимо. И любовь принесет сладость, открытия… правда, возможно, и боль, которая схожа с болью при мануальном массаже — неправильно стоящие позвонки встают на место, укороченные мышцы и связки растягиваются, и ощущается облегчение. После курса таких сеансов человек испытывает свободу в теле, ощущение новизны, чувство полета. Человек чувствует себя преображенным. Любовь много более способна преображать человека. Любовь дает такую возможность. Только далеко *не каждый* способен правильно распорядиться свалившейся на него возможностью преобразиться. Умело распоряжаются своим шансом единицы. И это ваш выбор — быть среди этих *единиц* или среди большинства.

— Конечно же, нет никакого желания быть среди большинства. Но почему так происходит?

— Потому что, к сожалению, большинство понятия не имеет, как с этим добром обращаться. Потому что представитель большинства не подготовлен. Об этом мы и ведем разговор.

— Ладно. Как подготовиться? Что все-таки дает возможность от любви получать наслаждение?

— **Первое** и самое важное — это любовь к себе. Самое важное, потому что это начало движения к себе. *Чтобы стать счастливым, нужно в первую очередь наладить отношения с самим собой.* Необходимо принять себя без условий, при этом непременно преобразовывать себя постоянно. Преобразовывать себя не из-за желания убрать комплекс неполноценности, а из любви к себе, желая себе получать в жизни много радости.

В природе нет ничего постоянного, природа всегда движется, изменяется — либо растет (развивается), либо увядает (разрушается). И если человек не включает в свой образ жизни необходимость преобразования и *не растет*, то, прожив какое-то время на запасе прочности, он увядает. Одухотворенная интеллектуальная биологическая система — человек, превращается в хлам: изношенное физическое тело, приносящее страдания; измученная душа, так и не научившаяся любить (рождающая приоритетно негативные чувства и эмоции); ум, в котором «черт ногу сломит»: заблуждения, стереотипы, ложные суждения, неприятие (которыми ум оперирует для формирования реакции на любые закономерные проявления мира).

Любовь к себе — это еще не все, чтобы от жизни получать радость, это только точка отсчета, это фундамент собственных преобразований.

Когда человек себя любит на сто процентов, он может наслаждаться жизнью, располагая немногим. Он свободен от того, что ему дает окружающий мир. Он независим. Он автономен. Когда он любит себя без условий, принимает себя таким, какой он есть, он в большей мере способен также относиться к окружающим. А поскольку мир зеркален, то человек встречает на своем жизненном пути свои отражения. Жертва притягивает палача. Раздражительность (злость, ревность, зависть) притягивает раздражитель. «Ходячая иллюзия» притягивает обормота. Настоящая принцесса притягивает настоящего принца. Раскрывший (раскрывающий) свою внутреннюю красоту начинает видеть вокруг себя красивых людей.

Второе — это разобраться в определении любви. Что для вас любовь? Это секс? Масса вопросов. Невозможно наполнить свою жизнь одним только сексом. Он имеет, безусловно, важное, но не исключительное значение. Может, это любоваться объектом чувств, как цветком, какой же он красивый? Как долго можно любоваться одним и тем же цветком, когда вокруг великолепие? И то и другое проходит очень быстро. Любовь — это наслаждение комфортом, благодаря компании человека, к которому испытываешь чувства? Это испытывать комфорт оттого, что рядом этот замечательный человек? Может оттого, что этот человек дает понять, что вы любимы? Может быть, это когда человек делает вашу жизнь комфортнее, интереснее через заботу, подарки, путешествия?

— Что за чушь, — скажете вы. — Любовь — это возвышенное чувство! Любовь — это поэзия! Любовь — это песня! Секс, любование, комфорт, наслаждение — все это естественные приложения жизни в любви.

— Да! Целиком разделяю ваши взгляды. Только почему сорок процентов браков, возникших по любви, разваливаются в течение первых четырех лет?

Почему через пять лет совместной жизни в союзе, возникшем на любви, шестьдесят процентов если и помышляют о любви, то с кем-то другим, а не со своей парой?

Почему чувства, которые обмануты возлюбленным, вызывают ненависть к нему или желание расстаться с жизнью?

Кто придумал обозначить статус отношений любящих сердец словом *брак*? Почему не *союз, пара* или *семья*? Почему именно этот термин, обозначающий испорченное изделие? По иронии судеб так и получается — портится то *прекрасное* после обозначения *его* общественным клеймом.

Чья это идея (к сожалению, успешно реализованная), — *любовь* низложить до статуса взаимоотношений?

Почему? когда отношения свежи, ими люди способны наслаждаться, но очень скоро это наслаждение заканчивается? Почему отношения теряют краски? Куда девается поэзия? Почему песня так коротка? В какую пропасть проваливается возвышенность?

Я вам скажу почему. Потому что любовь для подавляющего большинства из нас — это как **путешествие подвыпившего во мраке.**

Первые признаки влюбленности вызывают пьянящее чувство. Человек навеселе довольно хорошо себя чувствует. Он начал путешествие в приподнятом настроении, предвкушая приятную прогулку. Но, блуждая по темным лабиринтам без света, он постоянно больно ударяется. Один раз, другой, пятый. Настроение начинает портиться. И вот, через некоторое время, он (путешественник) клянет свое путешествие. Эйфория сменяется болезненностью и желанием покинуть этот лабиринт. И покидает (если находит выход). А в конце лабиринта его ожидал приз, подарок.

Но он этого никогда не узнает, потому что сделал ложный вывод о своем путешествии. *Блуждающий* может судить о любви так же, как слепой может судить о слоне:

только по тому, что он потрогал — ногу, хвост или хобот, т.е. субъективно.

Человек злится на данный лабиринт, не понимая истинной причины своих неприятных ощущений. Он не догадывается, что нужно не лабиринт менять, но брать с собой свет. Неправильный вывод заставляет человека повторять болезненный путь.

Значит, **в лабиринте любви свободно себя чувствует тот, кто вошел в него со светом.**

Свет в данном случае — это здоровая философия жизни:

— важно полюбить себя,

— любовь к ближнему можно познать только через любовь к себе,

— любовь — это не обязанность,

— любовь — это не претензии,

— любовь не терпит условий,

— любовь — это не обладание объектом любви,

— любовь — это дар небес,

— любовь — это состояние,

— любовь — это возможность дарить чувства и заботу,

— любовь — это возможность динамичной эволюции сознания,

— любить — это давать, ничего не требуя взамен,

— любить — это развиваться,

— любить — это стать красивым.

Если вы обнаружили, что ваш возлюбленный оказался недостоин вашей любви, что он — мерзавец, проходимец и самовлюбленный эгоист, нет смысла предъявлять ему претензии за то, что он таков. Нет смысла предъявлять претензии себе за то, что «вот дура, влюбилась в прохиндея». Оставьте его в покое, отойдите на дистанцию, просмотрите свое отношение к этому человеку, к себе, к своим чувствам. Найдите возможность не осуждать ни его, ни себя и позволить чувствам быть, если они не сгорели сразу, после какой-то его выходки. Если сгорели, то о какой любви можно говорить. Речь в таком случае может идти только о желании житейского комфорта. Сгорел ваш заранее проигрышный потребительский вариант любви. Вернее сказать, тот потребительский вариант отношений, который в обществе принято называть возвышенным и емким словом — *любовь*. В этом случае произошло следующее — практическая сторона жизни в паре, основанная на соблюдении ряда правил, которые вы не оговаривали, но подразумевали, принесла вам дискомфорт.

Если чувства все же остались, приголубьте их, как маленького ребенка, и найдите источник силы, которую дают эти чувства. На этой силе вы можете совершить такие преобразования в себе, что весь мир ахнет, а вас обнаружит «настоящий полковник» (либо «прохиндей» изменится, преобразится — превратится если не в полковника, то хотя бы в капитана). Чтобы так произошло, раскройте чувства к этому человеку, позвольте себе пройти свой путь своей эволюции. Найдите в себе силы поменять претензии на благодарность. Позвольте себе, благодаря этому событию и этой личности, раскрыть свою красоту. В осуждении нет красоты, в претензиях нет красоты. Боль, которую вы испытываете, на самом деле приносит не этот человек. ***Боль приносит процесс избавления от иллюзий***. А поскольку иллюзии — это перспектива страдать, то выходит так, что эта боль полезная. Это как боль, при удалении гнилого зуба, приносящая избавление. Отнеситесь с благодарностью к этой боли и к тому, кто ее принес, хотя он и не ведает, что помог вам стать свободней и чище. Пройдя полноценно этот путь и добавляя чувство юмора, вы непременно заметите преобразования в себе. И вот когда этот путь пройден, вам становится смешно. Вы смеетесь над своими переживаниями. Вы смеетесь и одновременно ужасаетесь, «как могло такое со мной произойти?», «до чего ж я была маленькая и глупая», «я ценила в людях совсем не то, что в действительности является ценным», «как я могла переживать из-за таких пустяков?». Ситуация стала пустяком не просто так. Неприятность превратилась из большой — размером со льва, в маленькую — как муравей, потому что вы стали сильней, выше. Не забывайте, благодаря чему и кому.

Чем чище вы пройдете коридор боли, что означает — путь личностной и духовной эволюции в любви (вместо страдания), тем более ценные выводы вы сможете сделать. Чем меньше вы будете злиться, предъявлять претензии к личности и грубо относиться к своим чувствам, которые принесли вам боль, тем более дорогой подарок от жизни вы способны получить. Еще раз — боль принесли не чувства, а собственный характер и дефицит широты собственного сознания. Но в процессе упорного труда и внутреннего прогресса вы добились развития и проявления лучших сторон своей личности и расширили свое сознание. И когда в вашу жизнь приходит совсем другой человек и с ним складываются нежные, трепетные отношения, вы уже умеете ценить в людях настоящее — не фантик, а цельность, не флакон, а содержимое. Вы способны заметить, выявить и оценить в человеке настоящее. Вы способны отличить настоящее от ложного. Вы способны проявить великодушие к несовершенству того, кто рядом. Вы состоятельны сохранить и развивать то, что приобрели, — прекрасные отношения.

И вполне возможно, если ваш ум и чувства будут свободны от обиды и злости, то вы сможете проявлять благодарность в адрес «негодяя» из «прошлой жизни», благодаря которому вы пришли к новому качеству и стали счастливы. Подобное отношение к прошлому и к людям из прошлого дает свободу от конфликта, от разрушительных эмоций; дает состояние душевного комфорта в настоящем и хорошие перспективы в будущем. Подобное отношение к прошлому дает возможность освободиться от этого прошлого и позволяет построить нежные отношения в настоящем, в которых присутствует свежесть.

Вот если подобная модель развития событий в отношениях между людьми известна мужчине и женщине и они принимают такую философию жизни, то неожиданно вспыхнувшие чувства наверняка не застанут их врасплох. Как бы ни стали развиваться события — так как хочется или наоборот, от этих чувств они получат только пользу — собственное преображение и, как итог, достижение мечты, счастья.

Глава 4. Любовь — малиновый куст

*Любовь одна,
но подделок под нее — тысячи.*
Франсуа де Ларошфуко

Возвращаемся к вопросу об отношениях: «Почему они теряют краски — бледнеют?»

Отношения между мужчиной и женщиной подобны малиновому кусту. Малиновый куст — это теплолюбивое растение, оно требует внимания. Чтобы куст приносил плоды наслаждения, за ним необходим уход (особенно если его произрастание возникло в «сложных климатических условиях»). Исходя из вышесказанного, можно понять, что отношения нужно холить и лелеять. И это — дело обоих участников.

Рассмотрим пример — довольно банальный сюжет развития отношений одной пары. Знакомый до слез любовный треугольник, как всегда его участники: *Он, Она, Другая.* (*Она* является главной героиней.)

Он — молодой мужчина (положительный, хороший человек), представитель малого бизнеса, очень хотел стать успешным и счастливым. *Он* стремился познать мудрость жизни, поэтому искал способ, как получать от жизни максимальную отдачу: читал литературу, посещал тренинги, развивал лучшие черты своего характера, в том числе терпимость к глухой обороне несовершенного мировосприятия своей подруги — *Её.* Словом, развивался, понимая, чтоб в жизни преуспеть, на месте стоять нельзя.

Она — самодостаточная, уверенная в себе и в правильности своей жизненной позиции молодая женщина (положительный, хороший человек). Жили семьей, любили, только очень часто ссорились (являясь положительными хорошими людьми). После одной из ссор решили пожить отдельно. *Она* уехала в другой город (очень большой, очень далеко). А *Он* продолжал искать истину, мудрость, продолжал постигать мироустройство через чтение, размышление, практики, которым научился на тренингах. Постепенно, медленно, но верно *Он* становился все более гармоничным и сильным. На определенном этапе *Он* решил, что теперь многое узнал об этой незнакомой жизни, что раньше он был как слепой котенок и именно теперь ему известно, как выстроить свою жизнь, как стать счастливым. *Он* полагал, что именно теперь *Он* сможет передать опыт своих наблюдений, исканий своей подруге — *Ей*. Находясь под впечатлением от новых знаний, открытий в себе самом и в окружающем мире, *Он* очень хотел поделиться всем этим богатством со своей подругой. *Он,* исходя из выводов, которые сделал на тот момент, предложил *Ей* реанимировать их союз. *Она* с радостью согласилась, возможно, полагая, что теперь *Он* будет более покладистым, раз сам предложил. А *Он* хотел счастья и семьи, и еще хотел донести до *Нее* истины, с которыми соприкоснулся, веря, что она прислушается к голосу разума из любви к нему, из любви к самой себе. В общем, каждый полагал свое, которое, как выяснилось потом, не совпадало.

Она покинула свой большой красивый город, в котором прожила два года, став на два года старше. Внимание! Справка. *Тело может стареть, и этого не избежать (если ничего не делать). Ум и сознание может развиваться, и это воля — участие или безучастность — каждого из нас.*

И так, на два года стало старше ее тело, но ни в сознании, ни в голове никаких положительных изменений не произошло. *Ее* сознание за это время не стало шире, в разуме не появилось новых прогрессивных идей, жизненная позиция осталась прежней.

И вот, вновь их тела и души оказались на одной жилплощади. Потекла совместная жизнь. Каждый хотел быть счастливым, каждый питал чувства к другому и хотел семьи, хотел любить и быть любимым. Но что-то не ладилось. Взгляд на жизнь у каждого из их них был свой и значимо различался.

Когда *Он* обратился к *Ней* в первый раз с просьбой, чтоб она открыла глаза на мир, что уже двадцать первый век и необходимо постигать науку жизни, читать книги, работать над своим внутренним содержанием, *Она* ответила, что себе нравится и ничего с собой делать не собирается.

Вот так, какое-то время они жили вместе — *Он* пытался подобрать ключики к *Ее* сознанию и предоставить убедительные доводы для *Ее* разума, а *Она* не считала нужным ломать голову над непонятным. *Она* оставалась там, где она была. Так росла пропасть между ними, хотя еще живы были чувства. *Её* компания становилась для *Него* все менее привлекательной, и *Его* все меньше и меньше тянуло к *Ней* и в дом, в котором они жили. *Она* упрекала *Его* за то, что *Он* мало проводит времени с ней, а *Он* понимал, что их семейная лодка давно протекала, но сейчас течь перестала быть безобидной. *Он* удвоил усилия, направленные на сохранение семьи, осторожно пытаясь *Ее* заинтересовать в прочтении какой-либо полезной книги, поговорить о том, чтобы вместе заботиться о «малиновом кусте», но безуспешно. Так и жили — *Она,* предъявляла ему претензии, за то, что *Он* редко бывает дома, пропадает то на работе, то с друзьями, а *Он* как мог уклонялся от конфликтов и уже ничего не мог поделать, просто терпел. *Он* страдал от непонимания, от *Ее* нежелания понять *Его*, стремился уйти от страдания, поэтому с головой ушел в работу.

Но вот на жизненном пути *Его* оказалась *Другая* — женщина, разделяющая его взгляды. Естественный и закономерный поворот событий, но *Она* об этом не знала, как и многое о жизни. *Он* распрямил плечи, стал вдыхать жизнь полной грудью. *Ему* была не просто приятна компания женщины — единомышленника, *Он* наслаждался обществом *Другой*. Наслаждался пониманием, беседой об интересном. Им было о чем поговорить, *Другая* могла интересно рассказывать и умела слушать. Не думая, к чему это приведет, *Он* просто разрешил себе быть счастливым, и они сблизились. *Он* стал еще меньше времени проводить дома. *Ей*, естественно, это не нравилось. Когда *Он* выслушивал упреки от *Нее,* он догадывался, понимал — к чему-то все это приведет, при этом не был готов поставить вопрос «ребром».

«*Сколь веревочка ни вейся, все равно совьется в плеть…*», предупреждает Владимир Высоцкий, и эта «плеть» сильно ударила нашу главную героиню по больному месту — по самолюбию и иллюзиям, которые она бережно хранила и не желала добровольно расставаться. В один из дней *Ей* стало известно о связи своего друга. Друга, с которым она хотела оформить отношения в законный брак, но при этом не хотела понять его. *Она* не хотела позаботиться о «малиновом кусте» со своей стороны. Желая от малинового куста только сладких плодов, *Она* небрежно к нему относилась. Почему? Потому, что была довольна собой, потому что предпочитала иллюзии поиску истины, мудрости жизни и взаимопониманию.

Она обрушила на *Него* шквал упреков, обвинений в нечестности и непорядочности. С прокурорской жесткостью «наша королева», чисто механически (без участия разума), под диктовку «лучших» своих черт характера и с абсолютным «знанием» технологии жизни, вколачивала клин в трещину их отношений. *Ей* в голову не могло прийти, что эта трещина возникла задолго до появления соперницы. Что поделаешь, эмоции. Эмоции бывают выше разума, особенно когда он беден здоровыми правилами выстраивания отношений. Вот так человек, любя сладкие плоды, которые дарит ему сад, не в силах отказать себе в желании покататься на бульдозере по этому саду. Не очень заботясь о том, что поломанные деревья и кусты (как результат позволения себе «невинной слабости») не смогут его одаривать своими плодами. Данная аллегория — это просто пример небрежности, как принципа отношения к собственной жизни. Подобное отношение к жизни не имеет полового признака.

Что в итоге? *Он* признался *Ей* во всем, высказал все, что было у него на душе, и ушел из дома.

И вот, пережив эмоциональное потрясение от «внезапно» ворвавшуюся в *Ее* жизнь катастрофу, *Она* стала задумываться: «Что не так? Соперница внешностью не лучше, годами не моложе. В чем же дело?». Только лишь в одном — она другая. *Другая* давала тому, кто был рядом, — *Ему*, главное, что нужно мужчине — **вдохновение.** *Она* не могла знать об этой мужской потребности. Волею случая знания не свалились ей на голову, а сама *Она* не искала их источников. *Она* обратилась за ответами к книгам, которые прежде игнорировала. *Она* стала делать первые робкие попытки заглянуть в себя, проанализировать свои поступки, заглянуть в свой собственный внутренний мир. И пришла к, потрясающему своей объективностью, выводу: «До чего ж я упрямая!».

«Гром не грянет — мужик не перекрестится» — уникальная по лаконичности и меткости старинная русская притча, указывающая на то, что человек условно разумный пребывает в спящем, неосознанном состоянии. Подобно животному, которое действует согласно инстинктам, человек часто действует согласно приобретенным, в процессе взросления, привычкам, навыкам и природным генетическим программам, не осознавая своих действий, не размышляя о происходящем вокруг себя.

Не в том ли юмор Творца, что по хромосомному набору ближе всех к человеку оказалась свинья? Или наоборот — человек к свинье? Не является ли это намеком на то, что человек, родившись неосознанным (близко к хрюшке), должен (по-хорошему) посвятить свою жизнь движению к Богу, отдаляясь от неосознанного (близкого к животному) бытия?! *Должен* не кому-нибудь, а только себе, если есть желание получать от жизни радость. Впрочем, священного права выбора, в какую сторону двигаться, никто не отнимал. К свинье путь более короткий, чем к Богу. Чтобы приблизиться к животному, не требуется усилий, тихое течение «болотистого водоема» безучастности в своей жизни приносит к нему само. Это происходит тогда, когда человек позволяет смысл своей жизни свести к зарабатыванию, чтоб купить себе «хлеба и зрелищ».

К Богу путь несравнимо трудней, но это благодарный и благодатный путь. Путь освобождения от претензий, обид, упреков, ненависти, ревности, зависти; путь, который приводит к получению радости от жизни. Выбирай сам. Животное — чистые инстинкты, плюс некоторые навыки. Человек — инстинкты, плюс необъятные возможности в расширении сознания, что является сплошным белым пятном от рождения. Видимо, поэтому подавляющее большинство людей занято не расширением сознания, а добыванием для себя корма и услуг. По этому поводу метко выразился Мирзакарим Норбеков: *«Человек, который работает ра-*

ди материальных благ, он самый счастливый. Он умирает счастливым, так и не познав свою глубочайшую трагедию. Он родился животным и, так и не став человеком, в поиске пищи, как животное, ушел. У него не было времени на знакомство с самим собой. У него не было времени на поиск смысла жизни...»

«Спящему» трудно самостоятельно догадаться, что человеку жизнь дается именно для того, чтобы научиться жить осознанно и расширить сознание настолько, чтоб перестать зависеть от проявлений изнутри — нелучших черт своего характера, и проявлений извне — случайностей. Существенная разница между «спящим» человеком и животным такова, что скотина так ей и останется, а у человека всегда имеется возможность, перспектива — «проснуться».

На деле получается так, что человек начнет только тогда вспоминать о том, что он подобный Богу, когда получит от жизни болезненный урок. В книге автора «Странствие от ошибок к мудрости» учитель-мудрец говорит своему ученику: *«Неприятностей и потерь ты можешь избежать, если ты **не** будешь в них нуждаться».* То есть если человек стремится быть осознанным, то он отслеживает свои мысли, помыслы, поступки и четко подмечает, какие черты его характера приносят ему в жизни дискомфорт, и развивает противоположные — положительные. Он ищет причины своих неудач не вовне, но в себе. Он постигает законы жизни, законы Вселенной, следует здоровым выводам и непременно налаживает все стороны своей жизни.

Наша героиня задумалась и решила побороться за своего мужчину, возжелала вернуть его в свою компанию. Возникает вопрос: «А зачем?». Только *Она* была еще не готова, чтобы задать себе такой глубокий вопрос и честно и разумно ответить на него. Опять включилась инстинктивная потребность (мотив), которая стала руководством к действию: «Чтобы мне было комфортней жить». Она обнаружила, через собственный горький опыт, что ей без него менее комфортно. Это открытие стало слабым, но все же стимулом попытаться разобраться в премудростях бытия и поработать над своим характером и привычками.

Вот такая формула глупости: «Нужно было дождаться, когда человек уйдет, раньше было неохота». Это нужно очень не любить себя и не иметь ни малейшего понятия, что такое любовь к ближнему. И не просто ближнему, а очень ближнему.

Вам наверняка известно устройство под названием автомобиль. Мало кому придет в голову начать пользоваться автомобилем по назначению, не обучившись этому делу. Каждый знает, что неумелому пользователю красивая, мощная, комфортабельная машина может принести большие неприятности и большую боль. Как в ваших глазах будет выглядеть *некто,* когда он, не умея водить машину, решив на ней покататься, врезался в дерево, разбил себе лоб, после чего с подозрительностью посматривает на автомобиль, обиженно обвиняя его в своей боли? Вы наверняка скажете: «Вот дурак». Правда, если вы хорошо воспитаны, вы так не скажете, только подумаете.

Мужчина (равно как и женщина) не автомобиль, посложнее будет устройство, и «пользоваться» этим устройством нужно умеючи.

Наверняка вам режет слух слово «пользоваться». Вот и хорошо. Только большинство людей строят свои отношения — с другом, со своим ребенком, с мужчиной или женщиной — именно на эксплуатации. Никто не говорит об этом вслух. Кто-то пользуется, эксплуатирует неприкрыто, но не догадывается об этом сам, а кто-то знает, что эксплуатирует, и делает это умышленно настолько активно, насколько ему позволяет тот, кого эксплуатируют.

Взаимоотношения между людьми — это целая наука. Дефицит знаний и навыков в этой области приводит к разрушению семей, приводит к боли.

А сегодня с книжных полок просятся в наши руки прекрасные книги и древних, и современных специалистов, которые под разными углами подают простые и понятные формулы любви и гармонии в отношениях между людьми:

— любить — это дарить наслаждение от своей компании,

— любить —это понимать,

— любить — это поддерживать,

— любить — это не требовать,

— любить — это не упрекать,

— любить — это прощать,

— любить — это вкладывать в отношения,

— любить — это заботиться о «малиновом кусте».

От семьи и школы наша героиня получила определённое воспитание. В итоге постижения *такой* науки жизни в её уме притаилась опасная ошибка — заблуждение, что мужчина для женщины — это атрибут жизни, на котором (как приговор) лежит перечень обязательств; что, когда проявляется несовершенство того, кто рядом, нужно обязательно упрекать, критиковать и обвинять. А на самом деле, если ты, безупречная во всем, полюбила несовершенного, то нет никакого смысла обвинять его в этом. Любишь? Помоги ему стать лучше — совершеннее. Сама «блуждаешь в тумане»? Вот и есть резон заняться собой. Мужчина (равно как и женщина) — это свободный, желающий в своей жизни реализоваться и наслаждаться этой жизнью человек. И если он не сможет реализовывать свои цели, получая поддержку и понимание от тебя; если он не сможет получать наслаждение от жизни с тобой, он все равно будет желать этого понимания и наслаждения и искать его. А раз так, то человек ни за что не откажется от того, чтобы получить это самое наслаждение, где-то, с кем-то. Желание получать удовольствие, наслаждение — это второй по «главности» инстинкт человека, из принципиально влияющих на взаимоотношения. Это ярко выраженный инстинкт, и его нельзя игнорировать. Само собой разумеется, на пути стремления к наслаждению, удовольствию стоят: воспитание, традиции, жизненные ценности, обязательства перед любимым человеком, те, которые он сам принял для себя. Прошу не путать с теми, которые ему навязывает близкий человек. Принятие того, что вам навязывают, — редкий случай и непродолжительный. Сопротивление навязываемым условиям и правилам является закономерностью, хотя это сопротивление иногда бывает и не в открытой форме.

Нельзя исключать, что Вас разлюбят. Посмотрите на вещи с высоты звезд. Он (она) — свободный человек, принадлежит себе и никому больше. Хочет — любит, хочет — не любит. Может — любит. А не может, что ж его упрекать?!

Никто не может заставить человека любить того, кто перестал быть для него интересным, привлекательным. Едва ли кто-нибудь сможет принудить себя любить кого-то из-за каких-то обязательств. Терпеть — да (по причине какой-то необходимости, при этом чувствуя себя неуютно и несвободно). Любить — нет. Свободному человеку в голову не придет привязывать к себе кого-то и привязываться самому. Притом что свободный человек — вовсе не робот, он — личность со своими индивидуальными чувствами, желаниями, стремлениями, инстинктами, достоинствами и недостатками, о которых вы можете не подозревать, не догадываться.

Поэтому, если ты сам хочешь быть свободным и любишь свободного человека, это прекрасно, потому что такая форма взаимоотношений в значительно большей степени способна сохранить остроту и свежесть чувств и имеет бесконечные перспективы. А для того чтобы твоя компания не наскучила тому, кто заполнил твое сердце, у тебя наверняка будут рождаться себе здоровые идеи: дарить радость, быть привлекательным, быть интересным. Становясь привлекательней, интересней как личность, как душа, как дух, ты понимаешь, *что* вдохновляет тебя на эти прекрасные внутренние преобразования — любовь. ***Оставляя объект любви на своем достойном месте, важно вывести на первый план саму любовь как состояние.*** Тогда, где бы ни был объект, где бы ни находился, любовь всегда с вами, состояние всегда при вас. Вы свободны от невыносимых мук при разлуках любого свойства. Это правильно расставленные приоритеты, потому что выигрывают все участники, кроме Эго, невежества, ревности, чувства собственничества и прочей дребедени, которой обременены современные люди.

Непривычно? Так не принято? Да знаю я. Знаю, что нелегко ломать древние традиции, старые привычки и сложившиеся представления о положении вещей, какими бы глупыми вы их сами ни признали.

В Индии есть такой обычай. Во время одного из праздников все, вывалив язык, ищут, вылавливают, где только можно, кошек. Потом приносят их домой и прячут под корзины, а сверху придавливают камнями или кирпичами, чтоб мурки не смогли выбраться. А далее проводят освящение и раздачу прасада (освященной пищи). В чем смысл и изюминка этого обычая?

Раньше в деревнях было огромное количество крыс и мышей, грызунов-вредителей. Логично, что держали большое количество кошек в качестве живых мышеловок. Накануне больших религиозных праздников все готовили лакомства — будущий прасад, которым на следующий день нужно было угощать всех, кто придет в гости. Лакомства готовили на огне и разливали (раскладывали) в посуду, чтоб за прохладную ночь они остыли и затвердели. Вкусным прасадом были уставлены все свободные места от столов до подоконников и полов. Поэтому, когда не было физической возможности уследить за мурками, которые могли нашкодить и испортить еду, их, бедолаг, и накрывали корзинами, чтобы временно изолировать от лакомств.

Что происходит сейчас. Современные методы борьбы с грызунами практически искоренили эту проблему. Лакомства сейчас прячут в холодильники. Пропала необходимость и в таком количестве кошек. Но, не смотря на это, их ловят и, по уши исцарапанные, но довольные, приносят домой и засовывают в корзинчатую темницу. Не совсем удобно и приятно слушать во время еды душераздирающие вопли из-под корзины, но что поделаешь — такова традиция. Так делали предки. Почему и зачем, уже никого не интересует — дань традиции. Все делали, делают, и я должен.

Это всего лишь какой-то эпизод в жизни общества, только принципиально похожих подобных традиций существует множество в разных областях жизни, в разных местах на земном шаре. Выбор за каждым из нас: участвовать или нет в массовом бессмысленном психозе, когда традиция отжила, устарела и не несет никакого положительного начала.

Вернемся к нашим героям.

Соглашайтесь или не соглашайтесь, но посмотрите в глаза объективности. Никакой стабильности невозможно достичь насилием, недовольством, требованием. К тому же нет в природе стабильности. Есть только движение: развитие и увядание. Желать стабильности, чтоб завтра и через год было так же, как вчера, — это ловушка ленивого ума. Уму лень трудиться, вот он и мечтает о нереальном — о том, чего не существует в природе. А когда подобная утопическая мечта не сбывается, что является закономерностью, то возникает в лучшем случае огорчение, в худшем — страдание, и вряд ли кто-то признает виноватой в этом собственную глупость — лень ума. Ленивый интеллект, на основе суженного сознания, вынесет обвинение тому, кто разрушил иллюзию, тому, кто не смог поддерживать то, чего не существует, — стабильность. Какой вы вывод сделали? Правильно. Чтоб жизнь приносила радость, чтоб отношения приносили радость, нужно развиваться самому и принимать участие в развитии отношений.

— Ну а как конкретно?

— Как? Дочитайте до конца, а потом начните с начала. И так до полного… понимания.

Неприятности, с которыми соприкоснулась наша героиня, — это всего лишь обстоятельства.

Вот и получается, что если человек себя любит, то он не позволит себе стать жертвой обстоятельств. Из любви к себе человек, не дожидаясь неприятностей, позаботится о своем самообразовании в плане законов жизни. А законы эти четко и ясно укажут: *чтобы мне в жизни наслаждаться от компании близкого человека, надо позаботиться о том, чтобы ему моя компания была привлекательна.* Это не значит — что надо лебезить или заискивать, — совсем не так, надо искать способ понять его. Чтобы понять, нужно лучше узнать его. Присмотритесь, изучите его интересы и на основе поиска и взаимопонимания выстраивайте добрые, нежные отношения. *Имейте готовность прощать близкому человеку его несовершенство.*

А если после ряда усилий вы поймете, что у вас интересы разные, взгляды разные, мироощущения разные, то задумайтесь — есть ли смысл продолжать отношения, если вы смотрите в разные стороны? Возможно, вы чужие люди. Генератором сильных чувств и условием крепкой гармоничной пары является родство душ. Любовь — это проявление души.

Вот и получается, что наша героиня — *Она*, страдает, думая, что любит. *Она* уверена, что страдание ей причиняет тот, кого она любит, — *Он*. Распространенная ловушка, которую ставит своему хозяину собственный ум, бедный житейской мудростью. *Невежество* любить не умеет и понятия не имеет, что такое любовь. В данном случае есть простое желание житейского комфорта.

Желание естественное. Такое же естественное, как вкусно поесть. Но чтобы вкусно поесть, надо самому позаботиться о ряде вещей. Если ты в одиночестве лежишь дома на диване и голоден, будешь ли ты упрекать саму еду за то, что она закончилась? Ты позаботишься об условиях и возможностях. Если ты в городе, то нужно иметь для этого деньги и готовность «отнести» свой голодный живот в общепитовское заведение или гастроном. Если в лесу, нужно потрудиться и собрать дикоросы. Если на берегу реки, то суметь поймать рыбу, развести костер и запечь ее на углях, чтобы утолить голод, получить наслаждение от этого процесса, и, как итог, организм откликнется чувством удовлетворения и приливом сил. Если очень грубо сравнить, то для того чтобы получать удовольствие от «вкусного употребления» любимого и черпать жизненную силу от его присутствия в вашем жизненном пространстве, нужно приложить усилия, создать условия, проявить изобретательность. Если человек оказался без еды на берегу реки, полной рыбы, то он умрет с голоду, если не включит сообразительность и желание потрудиться. И *Она* страдает. И вовсе не от своей любви, и не от недостатков ее друга, а от собственного невежества в очень важном, емком и глубоком вопросе: «Что такое любовь?» И изучать данный вопрос сподобилась только тогда, когда пришло страдание. Страдание пришло в результате обстоятельств. О чем это мы? О том, кто и что в нашей жизни рулит: «Я сам или обстоятельства?». Обстоятельства возникают не сами по себе. Из вышеприведенной истории заметно, что они возникли как итог действий человека — *Её*. А *Она* поступала именно так исходя из дефицита знаний в области построения взаимоотношений с близким человеком. Вопросы «Что такое любовь?» и «Что такое любить?» для *Нее* никогда не возникали, так как на этот счет имелось ложное представление. Возможно, никакого представления. Отсюда страдание.

У меня нет никакого желания выгораживать *Его*. *Он* тоже несовершенен, и это естественно. Я желаю *Ей,* чтобы *Она* стала хозяйкой своей жизни. В этом и в любом другом случае всегда можно и нужно найти достойный выход из положения, независимо от того, кто *он* и какой *он*. Пока *Она* молода (еще нет тридцати), у *Нее* есть возможность, пройдя коридор страдания в любви, создать иное отношение к самой любви и к объекту чувств, *благодаря страданиям* пересмотреть свои взгляды на принципы построения отношений в семье. Отпустив своего ненаглядного, радуясь за него, что ему хорошо, *Она* может продолжать любить его. Преодолевая обратный рефлекс от вышеприведенной идеи, *Она* может пройти довольно быстро этот путь эволюции своего сознания, все глубже постигая мудрость жизни и все глубже разбираясь в важных жизненных вопросах, постепенно для себя установив, «что такое любовь и что такое любить». И вот именно тогда, когда человек становится на путь осознания, жизнь начинает дарить подарки. Это так же закономерно, как и потери, которые несет человек, когда игнорирует работу над собой — работу над своими ошибками. Пойдя таким путем, путем движения к собственной внутренней гармонии, *Она* неизбежно начнет преображаться.

Первое — *Ей* самой наверняка понравится собственное преображение. Второе — *Она* наверняка заметит, что становится более привлекательной для окружающего мира. И, сохранив добрые, благодарные отношения с любимым, которого отпустила и которому искренне пожелала радости и счастья, однажды она обнаружит себя в объятиях принца. И придет к умопомрачительному выводу: *Смысл в жизни не в том чтобы держаться за мужчину (равно как и за женщину), а в том, чтобы избавиться от собственной дури и, как результат, — жить счастливо.* Потому что именно в этом случае сбываются мечты.

Такой «хеппи-энд» или иной его вариант являлся и является возможным для нашей героини. Возможным и закономерным. Чтобы «хеппи-энд» наступил, нужно позаботиться, не о том, «как бы эту стерву поставить на место и этого гада вернуть в лоно семьи», а о том, как в короткий срок избавиться от критической массы шелухи — собственных проявлений, заблуждений и иллюзий. Почему в короткий? Потому что останется время вкусить все прелести жизни, задолго до пенсии.

К сожалению, в нашем случае *Она* не готова была к подобной революции своего мировоззрения и не смогла направить свои мысли по руслу, которое мы моделировали выше. В итоге *Она* была возвращена туда, откуда *Ее* «взяли» последний раз, — в далекий красивый город. Дальнейшая *Ее* судьба неизвестна. А новая пара стала строить новую семью, крепкие добрые отношения, основанные на понимании и уважении. Если вы заметили, что в начале истории было двое страдающих — *Он* и *Она.* Стал счастливым один из двоих — *Он,* тот, кто прошел коридор боли по максимуму, стремясь сделать для себя и *Нее* все, что было в *Его* силах.

Вспоминайте про «тренировочную» любовь. Если посмотреть с ракурса небес, то звезды заранее знали, что эти двое не пара, они не являются половинками целого, перспектив совместной жизни у них нет. Разные устремления, интересы, взгляды — это почва, на которой произрастают и цветут конфликты, но не радость. Но каждый из участников взаимоотношений нуждался друг в друге, и каждый для другого явился воспитателем (как внештатный сотрудник «школы»). Каждого в другом что-то привлекло, и они оказались вместе. Каждый из участников мучился от непонимания. *Он* мучился от непонимания *Ее,* а *Она,* в свою очередь, от непонимания *Его.* Причина боли, которую каждый из них испытывал, общая — несовершенство. Боль — это зеркало, прибор, показывающий объективно — если мучаешься, страдаешь, то по одной причине — собственному несовершенству. Боль — это прибор и одновременно точка опоры — отталкивайся от нее и совершенствуйся. Кто поумней, так и делает, а кто-то довольствуется самообманом — находит причины боли, мучений в другом человеке. Почему так бывает? Потому что если признать проблему в себе, то с этим как-то придется жить, что-то менять, трудиться над собой. А трудиться мало кому охота, легче находить причины в том, кто рядом. Для глупцов и лентяев чувство несправедливости (когда виноваты обстоятельства, люди, несовершенство этого мира) дает одновременно чувство порядка. Порядок заключается в том, что при таком взгляде на суть вещей ничего не надо менять в себе. Стабильность — незыблемость собственной дремучести, вот в чем заключается порядок. Ну, это выбор каждого из нас — по таким правилам жить или по иным. Выбор «дремучих» — жить в иллюзиях, что в их проблемах виноват кто-то. Это чей-то индивидуальный выбор, чтобы его жизнью управляли случайности, но не он сам. Для кого-то главное найти виноватого — и тогда порядок.

«Малиновый куст» колюч, и можно, по глупости, получить боль и раны, которые долго будут напоминать о том, чем обернулось желание вкусить плоды наслаждения. Тут нужно умело обращаться, и тогда ваше лицо никогда не исказит гримаса, отражающая неприятные ощущения: сожаление, досаду, недовольство, — причиной которым — колючки. Если умело, то в душе всегда будет радость, а на лице (как отражение внутреннего состояния) — блаженство. Такое блаженство, как от прикосновения утреннего ветерка.

Другая история.

Сел я как-то раз в такси. Водитель попался довольно общительный и, рассчитывая найти во мне собеседника и поддержку, спросил:

— Ведь правда же, все зло от баб?

И в качестве аргументации своей позиции поведал мне свою историю.

— Когда-то, после института, я попал по распределению в маленький городок, работал, зарабатывал, «поднялся», потом встретил женщину своей мечты, из другого города, женился и переехал к ней. Поскольку я прописан был в другом населенном пункте, то все свои активы оформил на жену. Потому что любил ее. Так мы в счастье и радости прожили восемь лет. Но не все было гладко. Был враг — теща, которая пыталась разрушить наш союз. И на определенном этапе, теще это удалось. Как-то мы поссорились, и жена от меня ушла.

Я остался «на бобах». С горя запил. Сначала пропил все, что было у меня, потом стал занимать у друзей, и пил, пил, пил. Когда дошел до предела — мне стали отказывать, и начали возникать проблемы в связи с долгами, пришлось остановиться. По прошествии двух месяцев беспробудного пьянства я сказал себе: «Ладно, жизнь на этом не заканчивается». И вот сейчас, как видишь, «бомблю» на этой развалюхе. Жену-то свою я люблю, она хорошая, просто она — дура, мамашу свою слушает. Это теща на нее влияет, теща во всем виновата. Все-таки все зло от баб! Ведь правда? Согласен со мной?

— Нет, — говорю, — не согласен.

— Не согласен? — удивился бомбила. — От чего же тогда?

— Все зло не «от баб», а от невежества.

— А что такое невежество? Скажи мне.

— Невежество — это заблуждения.

— Вах-вах. Как понятно ты мне объяснил. А скажи что-нибудь еще.

— В том, что в твоих проблемах виновата теща или жена, — это заблуждение. То, что с помощью водки можно решить свои проблемы — это тоже заблуждение. «Все зло от баб», — это еще одно заблуждение.

— Да, да, да… а как надо?

— А так, что надо любить себя. Если б ты себя любил и относился уважительно, то не позволил бы себе раскисать и два месяца водку глушить. Этот свой разумный вывод: «на этом жизнь не заканчивается» — ты сделал бы не спустя два месяца, а через два дня. А после этого собрал бы свою волю в кулак, собрался с мыслями и предпринял бы такие действия, чтоб тебя жена зауважала. Возможно, все наладилось бы довольно быстро. Возможно, нет. Но пьющий мужчина не может вызвать уважения, только жалость. А жалость никому из нас не нужна. Тебе нужна жалость?

Мужчину аж передернуло.

— Не-е-ет. Не хочу.

— Это естественно. Каждый человек нуждается в любви, понимании, заботе, уважении, но не в жалости. Но не каждый способен вызывать по отношению к себе любовь, уважение и так далее по списку. Если ты себя любишь, то будешь искать и найдешь способ вызвать к себе любовь и уважение, если тебе это жизненно необходимо. Ты найдешь способ из тещи-врага сделать друга. Все это возможно. Но для этого нужно хотеть жить, нужно хотеть быть хозяином своей жизни. Для этого в своей жизни необходимо принимать активное участие. Если ты не знаешь, как жить, то этому можно научиться. Знания можно почерпнуть из разных источников. А первое, с чего начинается любое обучение, — это захотеть и начать действовать.

Вот и получается что зло вовсе не «от баб», а от невежества, от нелюбви к себе, от дефицита здоровой жизненной философии, от слабости духа.

Мой собеседник замолчал, задумался. Так, молча, мы проехали большую часть пути. Когда расставались, таксист поблагодарил, явно переживая от нарушенного порядка в своем мировоззрении. Такая вот история.

С чего мы начали разговор в этой главе? Взаимоотношения между мужчиной и женщиной подобны малиновому кусту. Бессмысленно злиться и обижаться на колючки, царапаясь о них.

Чтобы вкушать плоды наслаждения всегда, нужно быть умелым. Умение может приобрести каждый, было бы желание.

Глава 5. Об эгоизме

Свойство любви именно в том, что она дает благо тому, кто ее испытывает.

Л.Н. Толстой

Эгоизм. Одно из самых противоречивых понятий с очень широким спектром возможных его толкований и интерпретаций.

Эгоизм — это плохо? Большинство скажет: «Да». Особенно те, кто страдает от эгоизма своих близких. А спросим у самих эгоистов. Те из них, кто молоды и успешны, веселясь ответят: «Это клево!». Те, кто сами мучаются, получая «шишки», от своего эгоизма, наверняка предпочтут промолчать.

— Ты сам-то что скажешь? Что такое эгоизм? — спросите вы меня.

— Смотря для кого, — отвечу я.

— А как это? Ты сам себя кем считаешь?

— Пожалуй, эгоистом.

— Вот тебе раз! Ты ведь вроде как «несешь свет людям»?! Ведь на твоих тренингах люди положительно изменяют качество своей жизни?!

— Давайте разберемся. Кто такой эгоист, согласно общепринятым понятиям? Это «человек, который думает только о себе». Давайте от этого и оттолкнемся.

Я думаю только о себе, чтоб мне было хорошо, комфортно, радостно. Есть такое.

При этом я изучаю законы жизни (законы причин и следствий), законы природы, что суть законы Вселенной. При этом я считаю себя неглупым и неслабым человеком.

Мои наблюдения мне показывают, согласно каким моим помыслам, поступкам и состояниям моя жизнь наполняется радостью и комфортом. Благодаря тому, что я служу (как могу) обществу, планете, на которой живу, людям, которые меня окружают. Изучая законы бытия, я сделал вывод, что если мне в жизни что-то причиняет дискомфорт, то только лишь мое собственное несовершенство. Я обнаружил, что от природы мне дана возможность совершенствоваться — развивать в себе любые из существующих в природе человека качества. Я выбираю развивать лучшие из них — положительные. Главное из этих качеств для меня — проявление любви ко всему сущему на Земле. С некоторых пор с этой идеей и живу. И именно исходя из своих интересов. Я ощущаю необходимость воспитывать в себе проявление любви, нежности, заботливости ко всему живому. И пока, по несовершенству моему, пока еще присутствует некая избирательность (к некоторым личностям чрезвычайно трудно проявлять нежность), все же стремлюсь проявлять по возможности доброжелательность, великодушие, но как минимум — терпимость, снисходительность. Причем все это бескорыстно, не требуя отдачи, компенсации за мои действия, которые социум, возможно, оценит как благородные. Мне не следует об этом заботиться. Моя забота — не привязываться к результату моих действий (что и есть, по сути, бескорыстие). Раз я принял для себя такие взаимоотношения с окружающим миром, то я выбираю делать это с удовольствием, радуясь. Раз я принял для себя эти жизненные принципы, значит, я им следую. Добрые дела — это мое хобби. Как результат я получаю отдачу, не столько от этих людей, сколько от самой жизни. Я доволен. Я счастлив.

Каждый день неоднократно я обращаюсь ко Всевышнему с молитвой:

«Господи, помоги всем людям раскрыть в себе божественную любовь.

Помоги всем влюбленным встретиться.

Помоги всем половинкам объединиться в крепкую любящую пару…».

Затем прошу за тех людей, которые находятся в зоне моей ответственности, — людей, которые в данный период находятся в затруднительном положении. И в завершение:

«…Господи, прошу тебя, действуй моими руками».
Потом читаю молитву Святого Франциска Ассизского.

Господи, сделай меня орудием своей воли,

И там, где обида, дай мне принести прощение,

И там, где ненависть, дай мне принести любовь,

И там, где рознь, дай мне принести единство,

И там, где сомнения, дай мне принести веру,

И для того, кто во мраке, дай мне стать светом.

Помоги мне не столько хотеть быть понятым, сколько понимать,

Не столько хотеть быть любимым, сколько любить.

И тогда свершится чудо,

И одно чудо последует за другим,

И не будет конца чудесам.

Когда проговариваю: «*…дай мне принести…*», подразумеваю — прежде всего *принести* (раскрыть, проявить в себе) **это** качество, состояние самому для себя самого. Потому что прежде чем что-то кому-то принести и дать, нужно самому **этим** обладать в достатке.

Я — хитрый эгоист. Ведь я делаю это исключительно из своих интересов. Когда я прошу за всех людей, о раскрытии любви, я рассчитываю, что мне Господь в первую очередь поможет, согласно моему «служебному положению» просящего. Мне известно, *что* это за состояние, когда сердце наполнено любовью. Это яркое ощущение — потрясающее чувство внутреннего комфорта от собственного великодушия и нежности и одновременно несокрушимости, неуязвимости. И это не эйфория и не иллюзия. Эта *любовь*, проявившаяся в сердце, доминирует над всеми несовершенствами вместе взятыми. Мне довелось это *состояние* переживать. Поэтому к нему стремлюсь. Мой жизненный путь — путь к этому *состоянию*. Это состояние настоящей внутренней гармонии. Оно — это *состояние,* дороже всего золота на Земле. И жить хотел бы среди таких же гармоничных. При этом я принимаю мир и людей в нем — такими, какие они есть. Меня не напрягает существующее положение дел (что в окружающем мире любовь является дефицитом). Я не борюсь с миром и недостатками в нем. Я делаю то, что мне (и каждому человеку) по силам, — создаю мир в себе. С помощью таких молитв мне удается успокоить и очистить от ненужных мыслей свой ум и обрести новое качество своей души. Душе комфортно в теле, ум которого настроен на позитив. По мере приближения к *этому* качеству, его раскрытию в себе самом, я замечаю: какие благодатные события происходят в моей жизни. Благодатные события — это подтверждение правильности выбора образа мыслей и действий.

Когда раньше я просил за влюбленных, сам желал большой любви, желал найти свою половинку. Теперь, когда нашел, продолжаю просить, точно зная, что хотел бы жить среди влюбленных, любящих счастливых людей. Мне в обществе таких людей более комфортно, чем среди злых от своей нереализованности. Прошу за людей, которые борются со своими недугами, проблемами при моей прямой и косвенной поддержке, исключительно из эгоистических побуждений. Ведь я искренне радуюсь их успехам и от этого получаю огромное удовольствие и удовлетворение. Я не стану себе отказывать в удовольствии. Удовлетворение — это так приятно! Получается чистой воды эгоист.

Ну ведь так?! Эгоист?! Ведь я думаю о своих интересах, поэтому я таков.

— Да, но ведь те, кто тебя окружает (твои ученики и участники тренингов), того, кто о тебе скажет «он эгоист», наверняка закидают гнилыми помидорами.

— Вряд ли кто-то из моего окружения будет овощами кидаться. Но идея ваша мне понятна. Выглядит как несоответствие. Вот и получается с виду парадокс. А я и говорю, что эгоизм — противоречивое и весьма широкое понятие.

Возьмем другой вариант эгоиста, который сам страдает от своего эгоизма. Во-первых, почему он страдает? Очень просто — потому, что по жизни он потребитель. Это качество — потребитель, приносит ему в жизни дискомфорт, потому, что те, кто рядом, постоянно им недовольны и предъявляют ему разнообразные претензии. От этого он и страдает. Причиной страданий — эгоизм. Этому страдающему не повезло — ему никто не поведал, не научил, что заботиться о ближнем — это сладко и полезно. Вместо науки, как надо действовать, чтобы стать счастливым, он получал критику и упреки, от которых лучше не стал. Потому что от критики и упреков никто лучше не становится. Ему никто не поведал о том, что забота о ближнем ведет к гармонии в отношениях с ним и, самое главное, к гармонии внутренней.

Когда молодость проходит, внешний лоск тускнеет и какие-то причины и признаки, из-за которых окружающий мир щедро одаривал, исчезли, растворились, то вместе с этим и сужается круг людей, желающих давать (бывает, что до нуля). Получающий ограниченную заботу извне, но привыкший к ней, разбалованный и заключенный в тюрьму иллюзий, что так должно быть и может быть всегда, эгоист начинает страдать. Он злится на людей, на жизнь, считая ее несправедливой, и никак не поймет: почему так происходит. Почему? Потому что он попался на типичную и законную провокацию самой жизни и пошел на поводу у своих иллюзий, не утруждая себя наблюдением, размышлением, чтобы следовать путем эволюции. ***Проходить путь эволюции*** — это значит научиться многому. Самые первые шаги — ***это научиться осознавать свои собственные проявления (мысли, помыслы, поступки)*** для того, чтобы научиться управлять ими. ***Научившись управлять собственными проявлениями, человек обретает свободу и независимость от проявлений окружающего мира.***

Когда до него (эгоиста) доходит, что родители не научили его очень важному — умению давать, дарить заботу, а вместо этого сами заботились о нем, сюсюкаясь и прощая все его эгоистичные выходки, он проникается ненавистью к ним. Ничего хорошего в этом нет.

Конечно, это происходит не с каждым. У всех по-разному. Кто-то начинает вовремя соображать или осознавать и что-то менять в жизненных приоритетах и своем поведении, кто-то начинает просто испытывать потребность заботиться о ближнем. А кто-то до конца своих дней так и остается во мраке своего неведения, и до него так и не доходит, чтобы быть счастливым человеком, нужно научиться давать — дарить. Нужно стать богатым, чтобы было что дарить. Хорошее сочетание — внутренне богатый и материально независимый человек. Когда у богатого есть нужда позаботиться — это здоровая нужда. Когда постоянно присутствует желание, чтобы кто-то позаботился, — это ущербная позиция. Но когда вдруг нищий духом решит проявить заботу, то от его заботы, возможно, кого-то стошнит.

Возьмем другой вариант — противоположный. Человек неэгоист (с точки зрения общественной морали). Человек с потребностью заботиться о ближнем. Терпимый, трудолюбивый, непретенциозный, нестрогий, заботится о своем чаде или муже (жене), позволяя ему все что угодно. Чадо «ездит» на заботящемся — самой доброте. А сама доброта вздыхает в уголочке и жалуется на чадо своей подружке.

Это типичная жертва, которая еще и рискует в будущем быть подверженной презрению.

Это другая крайность эгоизма — состояние жертвы. Она делает *все* для ближнего, свято веря, что она делает благо. Ей никогда в голову не придет, что это иллюзия. Этот тип никогда сам не догадается, что справедливое утверждение *«благими намерениями выстлана дорога в ад»* как раз касается именно его. На самом деле жертва причиняет огромный вред своему воспитаннику, так как создает благоприятные условия для развития не сильных, а слабых его сторон. Она помогает ему вырастить свойство инертного потребителя — в перспективе несчастного человека. Только осознанного человека не испортит чрезмерная забота и внимание. На среднестатистического жителя нашей планеты это действует разрушительно, пагубно. Он становится легко уязвимым.

Есть одна притча, сюжет знакомый, как сама жизнь.

Одна мамочка безумно любила своего сына, любила заботиться о нем. Больше всего на свете ей доставляло удовольствие завязывать своему ребенку шнурки на ботинках. Сыну не то чтобы нравилось, он просто привык, потому что это действие продолжалось всю жизнь. Но вот, когда маме перевалило за семьдесят пять, а ее чаду за полтинник, она сильно прихворнула, и врач прописал ей лекарства. Надо сыну идти в аптеку. Ему нужно сходить на улицу, аптека за углом. Он хочет обуться, а согнуться не может, он никогда в своей жизни не выполнял этого движения. С горем пополам, пыхтя и корчась от боли, которую причиняло ему собственное одеревеневшее тело, он все же напялил ботинки. Но тут другая беда. Кое-как он дотянулся до шнурков, вспоминая, как это делала мамаша, и стал пытаться завязать их, но пальцы не слушались его. Он впервые пожалел, что никогда в жизни самостоятельно не завязывал шнурков. А она из своей спальни вздыхает:

— Сынок, иди же скорее, мне плохо. Принеси лекарство. Чего ты так долго возишься?!

Сын и так и эдак — не получается. Постепенно его глаза стали наливаться кровью. От своей беспомощности он начал злиться.

— Мамаша, завяжите мне шнурки.

— О чем ты говоришь?! Я же хвораю.

И поскольку злости нужен выход, она ищет виноватого. И виноватый быстро находится. Это его вздыхающая мать, которая должна завязывать шнурки. И сын прошипел: «Она болеет, видите ли!»

Он, чертыхаясь и сплевывая себе под ноги, пошел на улицу с развязанными шнурками. Когда сын заворачивал за угол и было рукой подать до заветной аптеки, он нечаянно наступил на свой шнурок и запнулся. Споткнувшись, он упал и крепко расшиб себе лоб, да еще ко всему в придачу сломал мизинец на руке. Какое-то время он сидел на асфальте, наблюдая вращение множества мелких звездочек перед глазами, и не мог прийти в себя.

Нашелся добрый человек, который отвел пострадавшего в травмпункт. Когда в регистратуре медзаведения заполняли карточку на горе-пешехода, он уже напрочь забыл, куда и за чем шел, — так сильно шмякнулся головой. Он только к вечеру вспомнил, кто он и где живет.

А вконец опечаленная мамаша очень долго ждала лекарства и думала о том, какие же все-таки неблагодарные вырастают дети, не смотря на огромную заботу и доброту, которую вкладывают в них родители.

Вот такая она, *жертва*. Заботиться о себе ей не доставляет удовольствия, потому что она не любит себя. Она получает радость от заботы не о себе, а о том, кого любит. Она рада возможности заботиться и не видит необходимости отказывать себе в этом удовольствии. Тем не менее ждет хоть какой-то отдачи от чада, сознательно и подсознательно рассчитывая получить хоть какую-то компенсацию дефицита любви по отношению к самой себе, и втихомолку обижается, когда тот по нулям в плане отдачи. По сути, эта *жертва* — тоже эгоист, ведь все, что она делает, она делает ради себя. Ей так нравится делать. При этом она имеет совершенно ложное суждение, что она делает доброе дело, а в действительности активно участвует в растлении того, о ком заботится. *«Благими намерениями выстлана дорога в ад»*. Она наверняка слышала это предупреждение об опасности, но ей в голову не придет, что оно касается напрямую ее. Она уверена, что за свои (несомненно) добрые действия от чистого сердца она достойна похвалы от Вселенной.

Жил-был священник и жил-был шофер — водитель автобуса, пьяница. Священник проводил службы, читал проповеди, а шофер водил автобус и «закладывал за воротник».

Так случилось, что одновременно они преставились и, как положено, предстали перед божьим судом для получения распределения дальнейшего пребывания на небесах.

Всевышний посмотрел личные дела новоприбывших и объявляет: «Ты, священник, пойдешь в ад, а ты, водитель автобуса, пойдешь в рай». «Господи помилуй, как же так?! — взмолился священник. — Я всю жизнь верой и правдой служил тебе, и меня в ад? А этого алкаша в рай? Где же справедливость?

Господь строго посмотрел на священника и ответил: «Ты полагаешь, что мне служил? Когда ты читал свои проповеди, прихожане спали, забывая обо мне. А когда этот пьяный водитель развозил их по домам, они неистово молились».

Говорят, простота хуже воровства. Простота и дремучесть хочет справедливости, вместо того чтобы постичь идеи Творца — постичь закономерность мира, в котором она живет.

Теперь скажите, что хуже: тип-жертва или тип-потребитель? Суть одна и та же — оба эгоисты.

— Как же у вас язык поворачивается назвать эгоистом заботливого человека?

— Поворачивается легко и убежденно. Слова пусты в данном и многих других случаях, если не подключать осознанность. Поясню. Способны ли вы честно себе ответить на один вопрос?

— Конечно. Я всегда отвечаю себе честно.

— Вот и чудесно. Прикройте глаза, расслабьтесь и спросите себя: «Для кого я совершаю все действия, как не для самого себя?»

— М-м-м-м-м-м…

— Ну что? Получилось? Что бы вы ни делали, с какого бы ракурса ни посмотрели на свои действия, вы делаете это для самого себя. Хоть пьете кефир (улучшая процесс собственного пищеварения), хоть даете нищему подачку (поощряя нищенство и удовлетворяя собственную гордыню, полагая, что проявляете сострадание), хоть соблюдаете правила движения за рулем (чтоб невредимым и неоштрафованным добраться до пункта назначения), хоть принимаете решение завести ребенка (чтоб наполнить свою жизнь счастьем), хоть заботитесь о больном отце (чтоб спокойно было на совести), вы это делаете для себя. Если вы сможете непредвзято отнестись к источнику любых ваших действий, то обнаружите — все действия вы совершаете для самого себя. Правда, от одних ваших действий ближнему плохо, от других «фиолетово», от третьих польза. Причем получатель пользы может ответить вам благодарностью, а может забыть, воздержаться от ответа. Если ваше добро оказалось безответным, вы можете обижаться (на неблагодарность), а можете быть свободными (независимыми) от воздаяния.

Для чего нужен этот тест? Чтоб пронаблюдать, как пытается хитрить ваш собственный ум, как он пытается скрыть от вас истинное положение вещей. Это с одной стороны. А с другой, вы обнаруживаете, что слова и категории, привычные для обозначения некоторых качеств, теряют всякое значение. Имеет значение только ваше жизненное кредо, что вы выбрали для себя, какие взаимоотношения с окружающим миром и насколько следуете своему выбору.

— А как же тогда Тереза Калькуттская?

— Вы хотите всех в один мешок? Зачем ставить в один ряд человека-жертву, которая не в состоянии ничего привить положительного ближнему, и личность, которая своей жизнедеятельностью способна зажигать огонь божественной любви в сердцах многих. При этом Мать Тереза тоже совершала все свои действия для себя. В этом ее реализация. Мать Тереза Калькуттская — это богореализованный человек. Человек колоссальной внутренней силы, имеющий такое же колоссальное влияние на людей. Это огромное сердце, чувствительность к чужой боли, чистое сознание, сострадание, потрясающая активность и эффективность действий. Строить приюты для бездомных детей, даря им заботу и любовь, — то *ее* реализация. Та, с которой вы хотите сравнить Святую Мать, занимается разложением своего здорового чада, совершенно бессознательно — сонно, не отдавая себе отчета в своих действиях. Эта нянька желает чаду счастья, а жизнь будет бить его дубиной, в результате *ее* действий. Ведь она приложила руку к его воспитанию. Почему бить, еще и дубиной? Потому что мир закономерен. Разнеженный человек уязвим, а потребитель — это по сути изгой. Хотя можете поискать исключения из этого правила, наверняка найдете.

Почему деятельность известной монахини — это нечто иное? Потому что тем детям, которых святой Терезе удалось облагодетельствовать, никто, кроме нее, не мог дать любви, заботы и поддержки. Без любви и заботы сознание человека деформируется. Люди с таким сознанием — это материал, из которого возделываются «чикатило». Повторюсь: Мир закономерен. И большинство из нас с вами учувствует в этом возделывании социально опасных личностей. Не пугайтесь, не напрямую — косвенно. Мать Тереза и ей подобные отдуваются за остальных — равнодушных и тех, которым некогда. Мы позволяем происходить этим процессам благодаря своему равнодушию и дремучести. Мы наивно полагаем, что, проблема, от которой мы отгородились — проблема «трудных» детей, растущих в нашем пространстве, не аукнется нам, в ближайшем будущем, когда они подрастут и станут легкой добычей — рекрутами в ряды Сил Зла. Прочувствуйте разницу. Мать Тереза — нобелевский лауреат, образец скромности, занималась кипучей деятельностью и никогда ни на что не рассчитывала и ничего не требовала от тех, кого облагодетельствовала. При этом никогда не обладала такой популярностью, как некоторые невзрачные личности, которых социум именует «звездами». Она даже ушла из жизни тихо и незаметно. Исполнила задачу души и ушла, под шумок, пока весь мир смаковал подробности гибели принцессы Дианы. Она даже в этом проявила свою скромность, специально улучила момент, когда незаметно уйти. Ушла, оставив как итог своей жизни: 400 отделений в 111 странах мира и 700 домов милосердия в 120 странах. Это результат деятельности основанной ей общины Ордена милосердия, деятельность которого была направлена на создание школ, приютов, больниц для бедных и тяжелобольных людей, независимо от их национальности. Его миссии, как правило, действуют в районах стихийных бедствий и экономически неблагополучных регионах.

Обратите на Великий Дух и Сильный разум этой монахини. Монахини — нобелевского лауреата. Прислушайтесь к ее рекомендациям.

— *Люди бывают неразумны, нелогичны и эгоистичны. Всё равно прощайте им.*

— *Если вы проявляли доброту, а люди обвиняли вас в тайных личных побуждениях. Всё равно проявляйте доброту.*

— *Если вы добились успеха, то у вас может появиться множество мнимых друзей и настоящих врагов. Всё равно добивайтесь успеха.*

— *Если вы честны и откровенны, то люди будут обманывать вас. Всё равно будьте честны и откровенны.*

— *То, что вы строили годами, может быть разрушено в одночасье. Всё равно стройте.*

— *Если вы обрели безмятежное счастье, вам будут завидовать. Всё равно будьте счастливы.*

— *Добро, которое вы сотворили сегодня, люди позабудут назавтра. Всё равно творите добро.*

— *Делитесь с людьми лучшим, что у вас есть, и этого никогда не будет достаточно. Всё равно делитесь самым лучшим, что у вас есть.*

В конце концов, все, что ты делаешь, нужно не людям. Это нужно только тебе и Богу. *Молитесь вместе и пребывайте в единстве.*

Все, что вы делаете, вы это делаете для себя. *Это нужно только тебе и Богу.* А вы и есть Бог. И пока вы еще этого не осознали, до тех пор остаетесь от Него (и от самого себя) далеки.

Нет нужды сравнивать себя ни с кем, даже с такими масштабными личностями, как Мать Тереза. А вот поучиться у таких людей состраданию и мудрости — святое дело.

Если у вас большое сострадательное сердце, вы более устойчивы в жизни. Вы можете заболеть и лежать в постели. Но если кто-то к вам подойдет и попросит помощи, вы встанете и будете помогать, забыв о своем недомогании. Откуда взялись силы?

Когда в вашем подсознании живет мотив, побуждающий к действию, когда ближний нуждается в вашей поддержке, то в минуту необходимости проявляется эта энергия — жизненная сила, из-за которой болезнь отступает. Весь вопрос в том, на чем вы будете сосредоточены в момент обращения к вам — на стремлении помогать или на своей проблеме.

Если вы родитель, то есть резон прививать ребенку радость от дарения и свободу от желания получения благодарности. Если вы уже выросли, вы можете прививать то же самое себе самому. У человека умеющего дарить больше шансов для счастья, чем у потребителя. Если при этом человек любит себя, это дает для счастья максимальные возможности. Как сказал один мой знакомый суфий: *«Каждый человек — кузнец своего счастья, только не каждый имеет высокий кузнечный разряд»*. Что верно — то верно. А поскольку *все в наших руках*, мы имеем возможность и приобретать нужную квалификацию, и повышать ее.

Глава 6. Любовь и дети

Ребенок нуждается в вашей любви
больше всего именно тогда,
когда он меньше всего ее заслуживает.

Э. Бомбек

О чем мы только что говорили? Об эгоизме. Немного разобрали, что это за штука и как к ней относиться. Заметьте — *относиться*, а не бороться. *Правильное отношение к обстоятельствам, но не борьба положительно изменяет эти обстоятельства.*

От родителей, от среды, в которой созревает личность, очень много зависит. Родители в состоянии оказать серьезное влияние на то, в каком направлении будут проявляться как положительные, так и отрицательные врожденные качества маленького человека. На примерах родителей формируется модель поведения детей. Либо эта модель станет образцом, «как надо», либо образцом, «как не надо» делать.

Что обычно заботит родителей? Дать ребенку такое образование, чтобы благодаря приобретенной профессии и диплому он смог себя материально обеспечить. Чем престижней работа у человека, тем приятней родителям. Родители, естественно, хотят, чтоб им было приятно. Желание — «чтоб было приятно», диктует стратегию воспитания ребенка. Что нужно самому ребенку, для родителей (как правило) стоит на втором месте, как менее важное. Да и кто знает, что ему нужно?!

Согласно человеческой природе, задача родителей конкретна и понятна:

1. *Научить ребенка быть самостоятельным.*
2. *Научить ребенка уметь всегда решать задачи любой сложности.*
3. *Научить ребенка стать реализованным.*

А как научить тому, чего сам не знаешь? В идеале, конечно, нужно самим это знать и уметь. Если родитель желает в ребенке реализовать свои несбывшиеся мечты и настойчив при этом, он рискует изуродовать ребенка. Если родитель хочет, чтоб его ребенок жил лучше, чем он сам, и это является определяющим жизненную стратегию фактором, он опять же рискует навредить тому, кому желает счастья. Вспоминайте притчу про шнурки.

Некоторые родители и бабушки наивно полагают, что любовь определяется количеством их поцелуев в попку своего чада. Это банальное использование ребенка как игрушки приносит ему вред. Для этих целей в природе существуют декоративные собачки. Ребенок — это человек. Это личность. Пока еще маленький, зависимый от взрослых, хрупкий, но человек. Пока еще не проявленная, не реализованная, но личность. Мало кто из воспитателей заботится о том, что в жизни ребенку, возможно, придется сталкиваться с трудностями: непониманием, предательством, грубостью, подлостью, цинизмом, агрессией, насилием, злобой. А еще со славой, лестью, успехом, ненавистью, падением, болью, завистью, серостью. Все это естественные составляющие мира, в котором мы живем. Нельзя исключать возможную встречу с любой ситуацией, существующей «в природе». И именно из любви к родному человеку очень важно помочь этому человеку быть готовым со всем этим справляться, взаимодействовать. И это только те явления, что обитают в изобилии вовне. А есть еще внутренние обитатели, о которых он еще не знает. Он еще не подозревает, что за зверинец внутри него. По мере движения по дороге жизни, разного сорта зернышки наверняка начнут прорастать, показываться — проявляться. Если он окажется успешен, ему будут завидовать и провоцировать проявление высокомерия. Если он окажется в полосе неудач, им будут пренебрегать, цепляя за болезненные струны души — обидчивость.

Если он *окажется на вершине*, ему будут льстить, что может вызвать иллюзию твоей значимости.

Все эти проявления внешнего мира могут влиять на мир внутренний, вызывая его нестабильность, неустойчивость. Проявления внешней среды способны оказывать влияние на «положение дел» во внутреннем мире человека. Необходимо, чтобы юный, взрослеющий человек готовился держать под контролем, не давать расти в душе сорнякам, таким как гордыня, высокомерие, жалость (особенно к себе), агрессия, мстительность, презрение; чтоб он готовился управлять своей действительностью. В противном случае он станет обывателем. Обыватель — это тот, кого жизнь несет своим течением, как бумажный кораблик, который предоставлен милости волн — обстоятельств.

Когда вы отправляете своего сына в джунгли, за какой-то необходимостью, вы наверняка позаботитесь о том, чтобы дать ему исчерпывающий инструктаж: как надо себя вести, чего следует опасаться, какую амуницию необходимо подготовить, какие там водятся звери, ползучие, насекомые, как действовать при встрече с тем, что там реально может возникнуть — произойти. Предупрежден, подготовлен — значит вооружен. Но если пренебречь подготовкой и снаряжением, то его могут загрызть, он может замерзнуть, может застрять, заблудиться, отравиться ядовитыми ягодами. Вот тут и скажется — что вам известно о путешествиях по джунглям. Пару раз по телику видели или «собаку съели» на этих экстремальных маршрутах.

Обо всем, что содержится в этом мире, маленький человек, готовящийся к самостоятельной жизни, должен знать. В идеале знать от родителей. Знать, чтоб не бояться трудностей и уметь справляться — решать любые задачи, которые подкидывает жизнь. Тогда ничто и никогда не застанет его врасплох.

* * *

Откуда возникают дети? Все начинается с того, что двое полюбили друг друга. Это является предпосылкой для каких-то отношений, возможно, долгосрочных — отношений, которые приводят к образованию союза двух любящих сердец. Если так, то эта любовь, возможно, завершится свадьбой, совместным ведением хозяйства и рождением детей. Потом детей надо растить и воспитывать. А какого качества обычно бывает это воспитание? Часто сомнительного качества. Как узнать, насколько качественное воспитание получают люди? Очень просто. Навскидку определите: сколько реализованных (и при этом здоровых, счастливых) людей на десять, двадцать, тридцать человек из вашего окружения. Какой процент людей, которые, несмотря на наличие приятных и неприятных элементов в государстве, городе, микрорайоне, жилом доме или коттедже, в котором они живут, уверенно и радостно себя чувствуют?! Причем многие, вырвавшись из под родительской опеки, не благодаря, но вопреки действиям родителей, выстроили свою жизнь, сохранив природное интуитивное мышление. Этим повезло. А еще есть «дети-пружинки». Это дети — бунтари, которые яростно сопротивляются социуму, когда он навязывает свои несовершенные законы. Правда, большая часть этих детей, повзрослев, идет преступным путем, и «добрая» половина из них рано уходит из жизни — до наступления зрелого возраста. Причем многими из них движет не корысть, что вас наверняка очень удивит.

— А что же?

— Каждый человек в своей жизни стремится реализовать свои способности. И если социум воспитал в человеке агрессию, ненависть или цинизм, то он стремится эти приобретенные качества реализовать и ищет для этого подходящие условия. Кто ищет, тот всегда находит. Таков человек. А мир закономерен. Пока мы, каждый в отдельности, занимаемся своим огородом, поплевывая на соседа, может прийти саранча и сожрать на корню весь урожай. Когда факт произошел — голая земля и следы от нашествия насекомых — агрессоров, то возникают хорошие, здоровые мысли: «А если б мы с соседями были в других отношениях — дружеских, то сообща мы могли бы остановить вредителей». Саранча в данном случае — это тенденции. И я в пятнадцатый раз повторюсь: «Мир закономерен». Мы (пока все еще) нуждаемся в разрушительных тенденциях — потерях, потому что в мире «спящих» умные мысли приходят только благодаря потерям. Тот, кто понимает закономерности нашего мира, задает обществу уместный вопрос: «*...русские, русские, ну зачем, чтоб быть сильней, вам нужна беда?*» А мы не слышим этих и многих других слов. Не только «слепы», но и «глухи», мы нуждаемся в потерях, чтоб пришли умные мысли. Раз нуждаемся, значит, они будут происходить.

— Ой, уж что-то вы жути нагнали, любезный.

— Никакой жути. Нормальный, естественный, закономерный мир, построенный Творцом по таким принципам, чтобы человек стал ближе к своей божественной природе — научился любить. И пока мы не встанем на путь любви к ближнему, мы будем этим самым рождать, формировать нежелательные неприятные события. Пока наша осознанность лишь в потенциале, но не в действии, поэтому пока мы реально нуждаемся в потерях. «Трудные» дети — это не неприятная случайность, а закономерные тенденции. И ответственность за них несет тот же социум. Социум сегодня — это плюющие на соседа огородники (в колодец тоже плюющие). Но поскольку социум — это не конкретное лицо и с него не спросишь, то конкретизируем — ответственны взрослые. Еще более конкретно — родители.

— Что вы все нападаете на родителей, на взрослых?! На всех. Виноваты конкретные люди, с них и надо спросить.

— В ответ вам талантливый художник М.М. Шемякин выразился пятнадцатифигурной скульптурной композицией, которая установлена в одном из сквериков вблизи Московского Кремля. Композиция называется «Дети — жертвы пороков взрослых». Вокруг играющих девочки и мальчика полукольцом стоят трехметровые аллегорические монстры — жутковатые человеческие фигуры с головами зверей и рыб — само уродство: наркомания, проституция, воровство, алкоголизм, лжесвидетельство, торговля оружием, жестокость, нищета и прочие явления взрослого мира.

В композиции подчеркнута доверчивость детей, они изображены с завязанными глазами. Дети приходят чистыми в пространство — атмосферу, среду, созданную взрослыми. И неизбежно попадают под влияние этой среды. Неизбежно «учатся плохому». При природном отсутствии самомотивации у детей, они неизбежно берут, то, что им предлагает социум. Социум состоит, в том числе, из вас и меня. Выделять себя за пределы общества, в котором мы живем, — значит сливаться в одно целое со скульптурой «равнодушие». Долго на нашей планете это продолжаться уже не может. Возможно, небрежное отношение к окружающему миру могло бы продолжаться бесконечно, если бы это отношение не сказывалось на нашем общем доме — планете Земля. Экология долго не выдержит, если ее с такой динамикой ухудшать. Энергоресурсов на Земле осталось на считанные годы. Продолжает расти коэффициент IQ у детей. При том качестве пространства, которое создано взрослыми, при суженном сознании, на сегодняшний день, это явление небезопасно. До сегодняшнего дня интеллект активно использовался для создания средств уничтожения жизни. При существующих тенденциях интеллектуальная гениальность очень скоро придумает более эффективный способ уничтожения жизни, чем имелся на вооружении у человечества до сих пор. Прирост в интеллекте — это стремительное движение в пропасть... если не станет изменяться, расширяться коллективное сознание.

— Ну вообще застращали. Сегодня все любят пугать. Лучше скажите, что делать-то?

— Становиться светом. И светить, рассеивая тьму. В вашей власти проделывать внутреннюю работу по преобразованию собственного внутреннего мира. В вашей власти сделать так, чтоб в социуме стало на одного светлячка больше. Этим самым давая возможность новому человеку взять от света, а не от тьмы.

Что делать, сказано давно, и не раз. И в Ведах, и буддийских священных книгах, и в Библии, и в Коране. Кто-то их читает?

— Ну-у-у. Наверняка.

— Тогда порядок! Ведь там все сказано. Самим Господом Богом. Даже то обстоятельство, что записаны эти летописи человеком и в них имеются противоречия, это только лишь дает потрясающую возможность как по мостику прийти через эти противоречия к истине, увидев целостную картину мира. Но те, кто надел головной убор, как элемент спецодежды слуг Господа, заняты не донесениям до страждущих истин священных писаний, они борются за место под солнцем. Они борются за рынок. Как враждующие преступные группировки разделили территории и стремятся захватить как можно больше сфер влияния. Враждуя между собой, навязывают посреднические услуги в налаживании связи с Создателем. Пока такое положение дел существует, пока у людей доминирующим жизненным критерием является стремление любой ценой «поднять» как можно больше денежных знаков, чтоб более вкусными лакомствами набивать живот, а потом восседать непременно на позолоченном унитазе, тенденции будут увеличиваться. Разрушительные тенденции — это естественное срабатывание божественного механизма (закона причин и следствий), чтоб показать страждущим власти и денег бредовость их идей и стремлений. Эти тенденции своим принципом схожи с бумерангом — все содеянное, какого бы качества оно ни было, возвращается.

Обратите внимание на то, что гитлеризм зародился и расцвел в религиозном государстве. Несколько ранее возник большевизм. Страх перед Богом не остановил массовое кровопролитие в набожной России. Почему такое положение дел могло создаться? Голодному мужику желание сытной жизни за счет убийства тех, кто живет сытнее, оказалось сильнее страха перед карой небесной. Ни религиозность, ни богатое интеллектуальное и философское наследие немецкой нации не стало препятствием для того, чтоб этот культурный народ превратился в овечье стадо, вдохновляемое сладкоголосым убедительным «пастухом». Стадо легко поверило, что они самые главные бараны на планете, и пошло убивать «недостойных» с надписью на пряжках ремней «С нами Бог». Копейка цена такой религии и ее проводникам, если любое *обстоятельство* может запросто спровоцировать у паствы самые *низменные проявления* и толкнуть на *преступление*.

Схема *обстоятельство — низменные проявления — преступление* возможна только при бедности духовной. Сыграть на слабостях и несовершенстве можно только у далекого от Бога человека. В момент провокации армия верующих оказалась бедна истинными убеждениями, жизненными ценностями. Для верующего человека, верующего народа заповеди любви и милосердия превыше низших побуждений, желаний собственной слабой стороны. Для верующего человека заповеди пророка — учителя, за которым он с верой идет, являются обязательным внутренним уставом по жизни. Истинно верующего никто и ничто не заставит убивать, унижать, подавлять. Сердце с Богом никогда не поддастся искушению убить ближнего ради того, чтоб посытней жилось. Почему оказалось наоборот? Почему набожность оказалось такой хрупкой? *«Каков поп, таков приход»* — говорит старая русская народная поговорка. Выходит так, что духовенство такое же дремучее, как и вся остальная «масса» («масса», так выражались относительно своего народа два известных — «красный» и «коричневый» — пастуха).

Безусловно, были и есть светлые и сильные личности среди священников. Но, к сожалению, это явление (пока) единичное. Именно за счет них — этих личностей, на протяжении столетий, сохранился церковный институт. Несмотря на то, что руководителям церкви удалось превратить ее в международный коммерческо-религиозный партаппарат.

Едва ли Творца устроит положение дел, которое складывается в человеческом обществе.

— Где же выход?

— Выход в том, чтобы заняться самовоспитанием. Каждому своим. Не медля. Исходя из своих собственных интересов. Нужно самому научиться мир воспринимать целостно. Это нужно, чтоб качественно воспитывать детей. Потому что церковь и современные образовательные системы дают фрагментарное восприятие. Нужно помочь своим детям научиться восприятию целостному. Тогда детям не придется тратить годы и десятилетия на самостоятельное «изобретение колеса». Это нужно, чтоб жилось радостно и детям, и родителям.

В результате качественного воспитания у человека значительно больше шансов стать счастливым и реализованным. Чем выше качество, тем выше шансы. Без вариантов. А исследовав этот вопрос, вы обнаружите очень высокий процент несчастливых. Если родители сокрушаются: «Какая неудачная судьба у моего сына (дочери)», то они страдают не от какой-то мистической неотвратимости, а от собственной несостоятельности в вопросе, «как вырастить ребенка, чтоб он стал счастливым, — как подготовить ребенка к взрослой жизни». Дать новую жизнь — это вопрос физиологии. Это доступно практически каждому, и для этого не обязательно быть человеком — это может любое животное, даже курица или ворона. Быть человеком — это другое дело. Ну родили, а что потом? Поразмышляйте на тему: «Я человек, дающий жизнь».

У человека есть разум, возможность размышления; есть сознание, возможность осознания.

Какого качества этот разум и сознание? Что способен взрослый посеять в этом плане? Чем, какими семенами он располагает? Как грамотно «засеять поле» и вырастить «славный урожай»? Как ребенка снабдить всем необходимым для обретения счастья? Как дать ему высокое качество образования под названием «технология жизни»?

Шикарно, если человек, перед тем как стать родителем, использовать природный дар — создавать новую жизнь, получит сам это образование. В основном забота родителей сводится к тому, чтоб научить ребенка быть послушным. Среди преступников, наркоманов, алкоголиков и просто несчастных нереализованных людей очень много тех, кто в детстве были послушными и не доставляли взрослым особых хлопот. Далеко не все они были «трудными» детьми. Многие из них были образцом послушности. Общество иногда содрогается: «Как такой замечательный мальчик мог оказаться таким жестоким», или «…стал наркоманом», или «…спился?» Просто, когда он был маленьким, он подчинялся. Его научили подчиняться. А когда он вырос и начал делать самые первые шаги к взрослой жизни, он обнаружил, что оказался «голым» — одетым в прозрачную наивность. Это ужасно — среди тысяч глаз сверстников и сверстниц оказаться голым. До подростка быстро доходит, кто его *таким* выпустил на публику. Происходит крушение иллюзий, а вместе с ними надежд, крушение представлений о добре и зле. Во внутреннем мире, в психике, подростка происходит деформация. Он испытывает боль и начинает ненавидеть тех, кто его от всей души любит и кого любит он сам. До него доходит — в том, что он «гол», что его вывернутое наружу легкоуязвимое нутро сверкает как в витрине на виду у всех своим несовершенством, виноваты его простодушные, любящие родители. Это дает повод закомплексоваться, свернуться, сжаться, закрыться и срочно придумать имидж — маску, чтоб прикрыть свои комплексы, свою наготу. Так легче. Но любителей покуражиться над простотой и наивностью хватает, они успевают наплевать в душу, когда она была открытой. И как следствие — душа закрывается с притаившейся в ней болью. Боль и ненависть являются мощной деформирующей сознание силой. Путь от боли известен, его не нужно показывать, страдающий человек найдет его сам — это алкоголь, наркотики, суицид. Есть и другие способы уйти от боли, это причинение боли другим, это жестокость. Да, дорогие мои, жестокость имеет определенные корни. Ненависть выжигает зачатки чего-то святого в неокрепшей юной душе. Вот откуда берутся отморозки. Вот откуда берется зло.

От безответственной эксплуатации дара природы — рожать, может получиться все что угодно, если использовать его как игру в рулетку. Родили, а что дальше? Это нужно точно знать — что вы потом будете делать. Почему он оказался голым? Потому что родители снабдили его негодными или устаревшими формулами. Они сделали вид, что за тридцать лет в обществе ничего не изменилось. Им уж больно хочется, чтоб было все так, как во времена их молодости. Иллюзии родителей часто губительны для детей. Необходимо владеть обстановкой в разных слоях социума, чтоб нечаянно не всучить ребенку просроченные талоны на сахар вместо проездного билета.

Главным для большинства взрослых является то, чтоб, взрослея, ребенок причинял как можно меньше хлопот, приносил только радость своими успехами, никогда не огорчал своими «неправильными» поступками и желаниями, был любящим и заботливым. Он еще маленький, еще соску сосет, а родители мечтают о том, чтоб он поскорее вырос и стал самостоятельным, чтоб заботился и помогал. Не имея понятия, *что* нужно вложить в ребенка, и не желая этот пробел восполнить. Какой смысл?! Ведь технология воспитания детей довольно проста: кормить, одевать, одергивать, окрикивать, запрещать и очень сильно хотеть, чтоб он после успешного окончания школы поступил в университет (на бесплатный факультет). Да, именно такой немудреной технологией пользовались наши родители и многие пользуются ей до сих пор. При такой воспитательной позиции очень низкий процент счастливых повзрослевших детей.

Однажды, после презентации курса «Гармония семьи», одна дама задала мне вопрос, всем видом давая понять, что этот «балаган», на который она попала случайно, ей не по вкусу.

— Я, конечно же, не собираюсь заниматься на ваших курсах, — сказала она, морщась, — но, если вы такой умный, скажите мне — как заставить наводить порядок в своей комнате мою восемнадцатилетнюю дочь? Как заставить ее закручивать тюбик с зубной пастой? У нас постоянные скандалы из-за ее неряшливости.

— Все очень просто, — отвечаю, — когда сейчас сядете в маршрутку, мысленно смоделируйте свою жизнь таким образом, как будто у вас нет дочери, никогда не было. И в комнате порядок. Все тюбики закручены с усилием, которое вам наиболее удобно. Все ваши зубные щетки всегда повернуты строго на северо-восток. И никто не изменит их положения. Никто не нарушит созданного вами порядка. Ничто в вашем доме не сможет вас злить, раздражать и огорчать.

Женщина фыркнула недовольно, с большим желанием плюнуть в мою сторону.

— Это все, что вы можете сказать? Чушь несусветная. Я вас не о том спрашивала.

И ушла, всем своим видом показывая удовлетворение, от правильно принятого решения — уйти, не тратить драгоценного времени на всякую дребедень.

На следующий день я обнаружил даму в первом ряду слушателей. Это был уже другой человек. С теми же паспортными данными, другая женщина. Другой взгляд, поза, выражение лица. Она была похожа на счастливую женщину, со слегка смущенной улыбкой. Она подняла руку, попросила слова.

— Пожалуйста, — сделал я ей знак рукой, — будьте добры, назовите свое имя.

— Меня зовут Валентина. Можно, до того как вы начнете занятие, я расскажу какое действие, оказал ваш вчерашний рецепт?

— Нужно. Расскажите, пожалуйста.

— Честно говоря, ваша рекомендация мне показалась идиотской и меня только взбесила. Сокрушаясь о зря потраченном времени, я пошла на остановку, села в маршрутку и призадумалась. Я не собиралась ничего моделировать. Но мысли без моего желания начали свое дело. И в мозгу возникла картинка, что я живу одна без дочери. Я даже не дошла до мыслей о порядке и тюбике. Мне хватило нескольких секунд, чтобы меня пронзил ужас. Я оторопела, на какое-то время — как это ужасно! И какое счастье, что это не так. И тут я все поняла. У меня за считанные секунды возник переворот в голове, произошла переоценка ценностей. Я себе сказала: «Это что же, выходит из-за какой-то ерунды, ничего не значащих вещей, я отравляю жизнь своей доченьке, моему счастью, моей кровиночке, самому дорогому мне человечку?! Да и себе тоже. Это как же я до такой жизни дошла? Это где же я потеряла жизни нить? На кой мне нужен этот порядок без дочери?!» И заспешила домой, чтобы скорей снять камень с души, попросить прощения у моей девочки и помириться. А маршрутка как назло движется медленно — пробки. Когда, наконец-то, добралась до своей остановки, бегом домой. Забыла уж, когда я так бегала. Никак не могла успокоиться — давил камень. Прибежала, а ее дома нет. Я даже разозлилась на нее и тут же спохватилась: «Опять?!».

Я подумала: «Откуда это во мне?» И стала размышлять. Так воспитывали меня — в строгости, так же — на окриках. Отношения мамы и отца тоже нежными не назовешь. Вот и у меня личная жизнь не сложилась, еще и с дочерью отношения хуже некуда. Вот что взяла из опыта своего взросления. Это неправильно. Ну что ж, думаю, ошибки надо исправлять. Сейчас приготовлю что-нибудь вкусненькое на ужин, порадую ребенка и поговорим за жизнь. И пока готовила, все ждала каждую минуту, что вот зашуршит дверной замок, а она не идет. Уж и ужин готов, а ее нет. Сколько эмоций пришлось пережить: и гнев, и досада, и жалость к себе, — так хотелось выплеснуть свои эмоции и извиниться, но я как назло продолжала оставаться наедине с собой. И наконец я поняла, что я опять сама себя извожу, что надо успокоиться. Собрала все силы и просто стала ждать, сосредоточив внимание на любви к дочери. И когда я успокоилась, буквально через пять минут заскрежетал замок. Это она! Когда дочь вошла в прихожую, я обняла ее и сказала: «Прости меня, доченька, за то, что я на тебя ругалась». Она испуганно отпрянула, чтоб заглянуть мне в глаза: «Мама, что случилось?» — «Ничего не случилось. Просто я поняла, что была неправа, ссорилась с тобой из-за пустяков. Порядок, тюбик, будь они неладны. Прости меня, мое солнышко, я тебя люблю. Можешь не закручивать тюбик, это такая ерунда». И мы как разревелись с ней. И вот так стояли в прихожей, обнявшись, и ревели неизвестно сколько времени. Тоже, видать, у ребенка накопились обиды. Потом, когда умылись, привели себя в порядок, сели ужинать и проговорили до поздней ночи. Мы ни разу с ней *так* не разговаривали. Только в этот вечер я узнала свою дочь — ее переживания, ее особенности, ее чувства.

Я легла спать счастливым человеком, счастливой матерью. А наутро она убежала на репетицию в институт, пока я еще спала. Проснулась я со светлыми чувствами, пошла в ванную, думая про то, что к незакрученному тюбику отнесусь с улыбкой, теперь он мой учитель. А «учитель» закручен, на кухне чистота, заглянула в ее комнату — идеальный порядок. Это она почти не спала, чтоб сделать такую работу, чтоб сделать мне приятное. Через все это я прочувствовала огромную благодарность моей дочери по отношению ко мне, за этот мой шаг навстречу к ней.

Вот такой результат от вашей рекомендации. Теперь мне очень хочется узнать побольше о важных принципах взаимоотношений в семье, непременно буду заниматься и у вас тоже прошу прощения за снобизм.

После этого курса Валентина поочередно прошла еще две ступени оздоровительных тренингов. Она добилась приличных результатов еще и по здоровью. И по прошествии более трех недель после этого случая она поделилась самым главным своим результатом: «Отношения у нас с той поры просто замечательные. Я никогда не делаю дочке замечаний и ни разу не видела беспорядка не только в ее комнате, но во всем доме. Я и не думала, что она может быть такой старательной и аккуратной. Мы часто разговариваем, она делится новостями, своими мыслями. И та философия, что я почерпнула на курсах, дает мне ясно понять: по каким принципам нужно строить отношения не только с дочерью, а и со всем окружающим миром; и мое будущее не только матери, но и реализованной женщины — в моих руках».

Из этой исповеди можно сделать вывод: Валентине родители дали воспитание, мягко говоря, не очень высокого качества. Раз она одна растит дочь; раз она не умела выстраивать отношения не только с мужчиной, но и со своим ребенком. Родители в этом не виноваты. Они не знали, как надо, и пользовались тем, что имели, — тем, что получили *от своих* родителей. В чем здесь идея? Вовсе не в том, чтобы обвинить родителей. Они наверняка действовали из добрых побуждений и хотели счастья своим детям. Они пользовались тем, что почерпнули от своих родителей. Вывод напрашивается сам: неразумно повторять ошибки своих родителей, пользуясь теми же методами воспитания, какими пользовались они. В их времена не было знаний, книг, тренингов. Мало кто в современном европейском обществе сохранил в своем роду и передал от матери к дочери, от отца к сыну мудрость жизни.

Верная забота родителей — помочь ребенку стать реализованным. И помочь реализовать не свои (родителей) несбывшиеся мечты, а собственные (детей) таланты и способности. Помочь им найти собственный путь.

Как научить его реализоваться? Как научить его умению решать трудные задачи, которые неизменно подкидывает жизнь?! Для этого, в идеале, нужно самому быть примером. Необходимо самому научиться решать задачи любой сложности. Для этого нужно стать Мастером. Мастером управления своей жизнью. И это не привилегия избранных, а всего лишь доступный каждому, самостоятельный выбор личности — встать на путь, ведущий к мастерству.

Если вы грамотны, вы можете научить ребенка писать и читать. Если нет, то он может научиться сам, в принципе. Вполне возможно, что у неграмотных родителей ребенок, без поддержки, найдет сам себе путь к грамоте, которая откроет ему возможности, несравнимые с возможностью его родителей. Процент таких самостоятельных «детей-пружинок» крайне низок. К тому же действительность доказывает, что в настоящее время, при обилии информации не самого полезного свойства и среде не лучшего качества, ребенок может самостоятельно научиться многому и совсем не тому, что хотели бы родители; совсем не тому, что позволит ему получать от жизни высокий КПД, не нарушая уголовного кодекса и законов Вселенной.

Если взять сто грамотных в правописании родителей, в условиях отсутствия соответствующих учебных заведений и школьных учителей в окрестностях, то все они без особого труда сами научат читать и писать всех своих детей (т.е. сто процентов). Если в тех же условиях (отсутствия поблизости школ и учителей грамматики) возьмем сто неграмотных родителей, то их дети, наверное, все же научатся читать и писать, но не скоро и не все. Девяносто процентов детей в таких условиях обречены на неграмотность. Они обречены потерять, упустить в своей жизни массу возможностей, которые дают способность читать и писать. Проведите сами параллель между состоятельностью в грамматике и умением управлять жизнью.

И поскольку в этой главе мы начали с первых шагов во влюбленности, то и продолжим эту тему. Так вот, если вы хозяин своей жизни и имеете многогранное образование — знаете жизнь со всех ее сторон, то наверняка просветите своего питомца, что в этот период — начала отношений, основанных на влюбленности, необходимо проделывать определенную работу по преобразованию любви. Если пустить на самотек, то любовь от состояния неизменно и незаметно перейдет в форму взаимоотношений. Так обычно бывает. Всякая форма бледнеет, увядает, протухает, от времени, если она не развивается. Когда зародились чувства, наступает прекрасная, сладкая пора взаимоотношений — конфетно-цветочный период. Он плавно перетекает в период некоторой стабильности в отношениях. Этот период имеет определенный ресурс, который, к сожалению, недолговечен. Очень часто он протекает с неизменной потерей романтизма, ярких и приятных переживаний, потерей сладостного томления, возвышенных стремлений. Если не создавать движения, то у союза, образованного на искреннем чувстве, наверняка все повторится как всегда и как у всех. Что это значит?!

Обладая знанием предмета «Жизнь», вы наверняка просветите юность, делающую первые шаги по взрослой жизни: «Человек, испытывая сильные чувства, обычно желает привязать «узами» брака к себе любимого, чтоб без беспокойства всегда гарантированно рассчитывать на его общество. Если человек любит, ему комфортно в компании с любимым. Это естественно. Получается, что одному человеку жизненно необходим другой как источник комфорта. Только неразумно привязывать того, кто любим, для гарантии сохранения этого комфорта.

Потому что в этом случае чувства угасают, форма — комфорт, остается. Но он хрупок, нестабилен и склонен бледнеть от времени. Вот почему неразумно».

Ходжа Насреддин со своей женой сидели на тахте и наблюдали, как играются кошка с собакой. Жена говорит Насреддину: «Посмотри, как они играются. Почему мы с тобой постоянно в разногласиях, трениях? Почему мы не можем так же, как они?» Ходжа ей отвечает: «А ты попробуй их привязать друг к другу, тогда увидишь, что получится».

Эта притча всего лишь иллюстрация к нашим с вами рассуждениям. Отношения между любящими людьми — это творчество. Об этом важно помнить.

Как вы готовите борщ? Вы сварили мясо, кинули соли, капусты, еще чего под руку попалось — и готово? Нет, вы так не делаете. Вы используете палитру ингредиентов и соблюдаете технологию приготовления, чтоб получилось красиво и вкусно. Вы вкладываете творчество. Вы вкладываете чувство. Вы наслаждаетесь, когда кормите любимых людей своими гастрономическими шедеврами, когда отмечаете, что им вкусно. Точно так же во взаимоотношениях. Если все сложилось славно, того, что вы стали жить в одной квартире и спать в одной постели с любимым человеком, недостаточно. Тут как с «борщом», надо проявить фантазию. И поскольку отношения между людьми — это сложнее, чем приготовление блюд, то это дело требует большего терпения и изобретательности. Нужно так же готовить и подавать свое *отношение*, стремясь, чтоб было вкусно, чтоб любимый человек получил от него максимум удовольствия. Если вы нацелены на такую стратегию в отношениях, исходя не из идеи ублажать того, кто рядом, а из стремления, желания счастья прежде всего для себя, то вы найдете способ правильно расставить акценты в своем поведении.

Для кого-то борщ (в смысле «путь к сердцу через желудок») занимает второстепенное место, значительно важнее — качество отношений. Об этом важно знать, к этому нужно быть готовым. А еще нужно быть готовым обыграть и размагнитить любую неприятную ситуацию (в отношениях), если таковая сложится.

— А как же быть, если не хватает жизненной грамоты? Если еще и характер не сахар.

— Чувства есть?

— О, да!

— Хотите гармоничных отношений?

— Ах, конечно!

— Прекрасно! Представьте себе, как сёрфингист ловит волну и совершает движение благодаря силе, которую дает море. Это движение вызывает восторг, от него захватывает дух. Это полет, это парение и ощущение своей силы и ловкости. Вот так и человек, когда к нему приходит любовь, он, на этом чувстве — этой волне, может возвыситься над своими слабостями. Он может суметь преобразовать, вырастить и выразить эти чувства настолько, что он становится красивым и сильным. Признание собственной красоты позволяет убрать претензии к себе и к окружающему миру. Ощущение собственной силы дает возможность, потребность преобразовывать свой характер и любую сферу своей жизни.

— Э-э-х, красота! Мотив работать над своим характером есть. А пока идет процесс преобразования, как ребенка научить, как подсказать?

— Самое здоровое отношение к тому, кого любишь, — это благодарность за чувство, которое он вызывает. Вот примерно так вы можете разъяснить своему ребенку принцип — два противоположных взгляда на построение отношений, на отношение к своим чувствам и к объекту чувств. Один простой, обывательский (обладать, привязывать и упрекать, если что не так), но малоперспективный и другой (благодарность, дарение и собственное развитие), открывающий неограниченные возможности. И сами непременно воспользуйтесь. Ваш положительный пример преобразования своего характера и налаживания отношений с людьми для ребенка красноречивее любых слов. ***Станьте счастливым и позвольте ребенку вас скопировать.***

Подчеркиваю — *позвольте*, а не навязывайте. В точности вашим путем не может пройти ни один человек, даже ваше родное дитя. У каждого свой путь. А вот предложить воспитаннику взять на вооружение ваш положительный пример — это святое.

Одна из важных сторон бытия, которую вы можете раскрыть тому, для которого вы желаете счастья, перестает быть для него лабиринтом во мраке, имеющим сладостный привкус вначале, тревоги в середине и (частенько) болезненные ощущения в конце. Длина лабиринта может быть от одного дня до десятков лет.

* * *

Врач и родитель. Врач прошел медицинскую школу в пределах ее возможностей и своих. Врач изо всех сил лечит больных, успешно и не очень — так, как может. Несмотря на его усилия, болезни расширяют свой ассортимент и молодеют. Часто врач бессилен помочь нуждающемуся, хотя за его плечами образование, опыт и искреннее желание. Все нормально с точки зрения морали. Европейская Высшая Медицинская Школа не знает способов, как исцелить человечество, как искоренить болезни. Врач — это индивидуум — человек, а не волшебник. Он имеет право на ошибки, на беспомощность, на слабый дух, на затруднение вовремя, быстро принять верное решение, на плохое настроение (в котором результат от действия не очень хороший), на всевозможные существующие в природе недостатки. Врач не волшебник, он выпускник высшей медицинской школы.

Родитель не проходит никакой школы. «В родители» приходят, как говорится, «с улицы».

Человек приобретает относительные представления о воспитании детей в своей семье. От своих родителей, от общества, из различных источников информации. Родитель не считает, что воспитывать детей — это такая же сложная наука, как медицина. Нелегкое, нагрузочное дело — да. Но это не повод специально обучаться этому делу. Да и где?!

Итог воспитания детей похож. Очень много несчастливых, нереализованных повзрослевших детей. Некоторые из них, случается, погибают от суицида.

— Ужасные вещи говорите. Все у вас родители виноваты. А как же у малограмотных крестьян дети выбиваются в президенты, министры, академики?

— Есть такие примеры. Скажу больше, есть такие дети, которые самостоятельно достигли материального благополучия и еще родителей вытаскивают из нищеты. Есть такие, которые становятся для своих родителей учителями мудрости, подтягивают в плане духовности, объясняя родителям законы Вселенной, законы жизни. Дети, прокладывающие себе путь в жизни, несмотря на неблагоприятные стартовые условия, — это явление распространенное, при этом люди, достигшие гармоничных отношений с жизнью, — явление не массовое. Дети-учителя своих родителей — это вообще большая редкость. Это лотерея. Вы азартный игрок? Готовы участвовать? Все играющие рассчитывают на выигрыш, но большая часть из них проигрывает. Наркоманы, алкоголики, насильники, убийцы, самоубийцы родились такими? Большая часть отбывающих наказание в исправительных лагерях попали туда по глупости. Где этот огород, на котором произрастает глупость? Уж точно не там, где сеется мудрость. Какой смысл делать вид, что все происходит случайно. Этим самообманом люди пользовались долго, и на это, возможно, были причины — дефицит знаний и опыта. Теперь наступило «сегодня». Знания доступны, опыт накоплен, и вопрос только в том, чтобы воспользоваться им или нет. Какой выбор сделаете, он будет всегда только ваш, и больше ничей.

— Так как же все-таки воспитывать детей? С чего начинать?

— Не с чего, а с кого — с себя. Повторюсь: ***Станьте счастливым и позвольте ребенку вас скопировать.*** Само собой давая ему возможность — свободу самоопределения.

Начинать воспитание детей нужно с себя самого. Задача простая: самому научиться управлять своей жизнью и потом передать эту науку детям.

Необходимо стать Мастером, чтоб воспитывать ребенка. Что это значит?! Это значит — знать и уметь правильно реагировать на боль, где бы ни был источник — вовне или внутри. Если внешний фактор (человек, случай, обстоятельство) причиняет боль, первое — это правильно отреагировать — принять. Второе — сделать все необходимое, чтобы защитить свои интересы, удерживая состояние доброжелательности ко внешнему фактору. Третье — нужно найти причину внутри. Когда причина найдена, становится понятной простая истина: *можно сколько угодно воевать с внешними источниками боли и даже иногда их побеждать, но, пока внутри порядок не наведешь, история будет повторяться.* Это может длиться бесконечно. Необходимо уметь правильно выходить из затруднительных положений. Иметь способность преодолевать любые трудности.

Забота родителя — **научить ребенка учиться.** Учиться у жизни. Помочь приобрести то неизменное, неоценимое, что невозможно потерять, это — жизненные ценности.

— С чего нужно начинать родителям?

— В идеале этим вопросом задаться еще до зачатия, прийти к единому знаменателю обоим участникам пары, чтоб в процессе взросления ребенка избежать разногласий и конфликтов. В идеале нужно четко представлять обоим будущим родителям:

* для чего они образовали союз;
* для чего они решили создать новую жизнь;
* каких правил и идей они будут придерживаться в процессе воспитания;
* какую атмосферу они обязаны создать для нового человека.

Все эти вопросы мы с вами обсудили несколькими строками выше. Поэтому подытожим разговор:

в чем нужно помочь себе, чтобы наверняка избегать боли в перспективе, что бывает из-за низкого качества воспитания собственных детей. О чем нужно помнить:

1. *Своих детей надо изучать — наблюдать.*
2. *Дети не наша собственность, каждый из них — индивидуальность.*
3. *Запреты порождают интерес к запретному.*
4. *Необходимость правильного воспитания обязывает подтягиваться самому в плане мудрости жизни.*
5. *Избегать иллюзий, заблуждений (они болото, капкан).*
6. *Избегать вымогательства у детей уважения. Но заботиться о поводе для уважения.*
7. *Ваша забота о ваших детях — ваша природная обязанность.*

В чем ребенку необходимо помочь:

1. *Не заставлять ребенка делать, но мотивировать к действию.*
2. *Лучший способ мотивации — это свой пример.*
3. *Создание среды — благоприятной атмосферы.*

4. *Доверительные отношения (стремление понять).*
5. *Поднимать самооценку — уверенность в себе (избегать упреков, обвинений).*
6. *Избегать идеализации Мира. Добро и зло — это два полюса, без которых не может существовать этот Мир.*
7. *Научить быть самостоятельным. Научить решать задачи любой сложности.*
8. *Необходимо прививать любовь к труду с первых шагов.*
9. *Необходимо прививать вкус к дарению в большей степени, чем к потреблению.*

* * *

О чем мы говорим? О том, что *вы*, являясь Мастером, обучаете мастерству своего сына или дочь. Как вы стали Мастером? С чего вы начали? Наверняка началом стало *создание своего внутреннего устава.* Это набор правил для себя лично, которые вы, исходя из своих жизненных целей и задач, сами для себя установили. И поскольку к законам, чтобы они работали, нужен еще механизм их осуществления, наверняка вы для себя создали *индивидуальную программу*.

Глава 7. Внутренний устав

Любовь может изменить человека
до неузнаваемости.
Публий Теренций

Это верно сказано: «*Любовь может изменить человека до неузнаваемости*». При этом инструментом и путеводителем для достижения этих положительных изменений поможет стать как собственный внутренний устав. В нашей беседе, возможно, и звучит — так надо, а так не правильно. Вы в любом месте можете задать вопрос: «Ну ладно, допустим, согласен. А как к этому прийти? Каким способом?». Подытожить любой абзац можно таким ответом: создайте *Внутренний Устав*. Внутренний устав *поможет* изменить человека (самого себя) до неузнаваемости. Все, что приведено выше и ниже в данной нашей беседе, уважаемый читатель, это материал — сырец для создания этого устава. Потрудитесь, сделайте выборку из тех идей и примеров, которые вам наиболее откликаются и сварганьте. Сварганив устав, создайте индивидуальную программу — перечень ежедневных действий, который поможет намерения воплотить в действительность. Это нужно, чтоб установить (прежде в своем разуме) и настроить именно ту программу, которая вам нужна, чтоб следовать ряду полезных правил стало нормой — привычкой.

Внутренний устав — это закон, свод правил собственных поведенческих реакций, который вы сами для себя установили. Индивидуальная программа — это ежедневный план действий для наработки привычки — навыка следовать закону. Это нужно для того, чтобы преобразовать свои взаимоотношения с самим собой и внешним миром и, как результат, изменить качество своей жизни. Например: вы «в сердцах» хотели кого-то отругать или послать подальше, вовремя поймали себя за мысль (и за язык), сдержались и воздержались. Это можно назвать осмысленным, осознанным поведением. Это можно назвать действием внутреннего устава. Подробнее?!

Вы за рулем, вас на повороте «подрезал» какой-то темпераментный водитель, вы эмоционально злобно прошипели: «Вот урод». Вас устраивает такое ваше поведение?

Если «да», то спешу напомнить, что мир зеркален и только лишь отражает несовершенство каждого из нас. В данном случае мир напомнил вам о вашем несовершенстве. Тот, кого вы обозначили как «урод», на самом деле может оказаться милейшей личностью, и вы ставите на него клеймо только по одной причине — он создал вам некое неудобство. Получается такая картина — будь некто хоть самый последний негодяй, но если он мне не создает неудобств, то я не стану давать ему определения. А если кто-то создал мне неприятность, то ему название уже готово, независимо от того, кем он в действительности является. Любой здравомыслящий человек, осознав такую свою жизненную позицию, признает ее весьма сомнительной и шаткой. Возможно, тот водитель и «неправильный человек», но, проявляя злобу, агрессию, раздражительность, вы его лучше не сделаете, но самое главное — сами лучше не станете. Более того — вы упускаете возможность, благодаря этому эпизоду, стать лучше. И если другого человека менять — это дело хлопотное и практически нереальное, то с собой вы можете совершить, выполнить любое преобразование. Что значит в данном случае «отражает ваше несовершенство»? Это означает, что когда вы посадили в клетку хомячка и он по ночам бегает на колесе, то он никуда не прибежит. Он останется в клетке, а бегать ему нужно, чтобы не заболеть. А поскольку вы — человек, а не хомячок, то Творцом, нашим с вами, вы созданы свободным. В клетку, тюрьму невежества, человек определяет себя сам, позволяя себе грубость по отношению ко всему и к любому божественному творению. Повторять ошибку — видеть причину вовне, — это двигаться по замкнутому кругу, оставаясь в клетке. Вырваться за пределы этого круга дано каждому. И двигаться вперед и вверх. Такое движение дает неоспоримое преимущество в жизни.

Если «нет» — не устраивает, спешу обратить ваше внимание. Это не вы себя так проявляете. Это эмоции управляют вашим поведением. Ваше истинное Я было отодвинуто на задний план, так как оказалось слабее, чем эмоции и привычки. Ложное Я на некоторое время вырвало инициативу. Через пару секунд или через пару минут, когда вы овладеваете собой, преодолев вспышку легкого гнева, эмоция успокаивается, и вы вновь в состоянии контролировать и управлять. И вы осознаете, что такое *ваше* поведение не соответствует тому, что бы вы для себя желали. Иными словами, не соответствует уставу, который вы приняли для себя. Просто вам самому не нравится такая ваша реакция. И вы исправляете положение дел — улыбнулись и сказали вслед уже исчезнувшему из поля зрения водителю: «Да нет же, хороший, замечательный человек, спешит сердешный, видно, срочно надо». Вы сами осознанно заменили привычную, но нежелательную реакцию на раздражитель на более подходящую для вас. Почему вы это сделали? Что стало мотивом?

Внутренний устав. Почему вы приняли для себя правило — так, а не как раньше реагировать не проявление внешней среды? Потому что, изучая, постигая мудрость жизни, размышляя, вы пришли к выводу, что внешний мир — это всего лишь ваше отражение и нет никакого смысла на него «рычать». Во-первых, это не приносит пользы. Во-вторых, это приносит вред. В-третьих, *Моська* тявкает на *Слона* от своей слабости. *Слон* же всегда спокоен, *он* управляет своим движением, а не *Моська,* и не внутренние проявления, на которые внешний раздражитель (Моська) пытается влиять.

Собака зашла в зеркальную комнату, в которой везде были зеркала — и на полу, и на потолке, и на всех стенах. Собака заинтересовалась: «Вокруг меня столько собак» — и невольно насторожилась. И увидела, как вокруг нее собаки тоже насторожились. Псина ощетинилась и увидела, что у других собак тоже шерсть встала дыбом на холке. Она подумала: «Что если их немного припугнуть?!» И гавкнула. И тут все собаки разом рявкнули на нее. Собака испугалась и умерла от разрыва сердца...

...Когда собака издохла, зеркальная комната вновь погрузилась в покой и тишину.

Мораль: вокруг нас зеркала. Как мы себя ведем, то видим и находим вокруг себя. Мы сами притягиваем нежеланных людей в собственное пространство, они и приходят, в виде зеркального отражения нас самих. Если мы отработали какие-то свои слабые стороны, то эти люди не придут, просто не встретятся на нашем жизненном пути. И если в мой покой кто-то принес собачий лай, то только лишь для того, чтобы помочь мне обнаружить дефицит моей выдержки. Значит, этот человек просто фигурант, с помощью которого Вселенная заботливо мне предлагает — дает возможность отследить свою ошибку, исправить и проуправлять своим поведением. Такое отношение к действительности в итоге дает навык управления своей жизнью, и, соответственно, исчезает необходимость в «тренажере». Когда нет необходимости в тренажере — неприятном событии, оно не приходит.

Как-то подвозил меня один знакомый (назовем его Михаил), который ранее занимался на моих тренингах. Михаил обладает жестким и категоричным характером. Как результат проявлений характера — частые конфликты. По дороге мы беседовали как раз на эту тему — как уйти от конфликтов, от собственной грубости и от осуждения, несмотря на постоянно возникающий повод. И поскольку мир закономерен, очередная зеркальная ситуация, когда в ней нуждается человек, не заставила себя долго ждать. Какая-то машина создала аварийную ситуацию — резко выскочила перед нами из двора, заставив Михаила притормозить. И как бы оправдывая свое обычное поведение — грубые словоиспражнения, всплески эмоций, он, показывая в сторону удаляющегося автомобиля, прокричал, обращаясь уже ко мне:

— Вот засранец! Нет, ты видел, а?! Посмотри, чего делает. Ну и как тут оставаться спокойным?! Ну скажи — как?

— Попробуйте отнестись с юмором к этой ситуации. Для начала замените эпитет на уменьшительно-ласкательный. Например, «засранец» замените на «засранчик», — специально растягивая слова, предложил я в ответ. Лицо у Михаила сразу подобрело.

— Ну ты, засранчик, — обратился к уже невидимому виновнику расстроенных чувств Михаил, уже давясь от смеха. Посмотрел на меня — рот до ушей. За пару секунд гнев сменила улыбка — тьму сменил свет.

— А ты знаешь, работает — помогает. На душе стало теплее. «Засранчик», ты смотри-ка… это ты здорово придумал. «Засранчик» — хм-м, гениально.

Когда человек принял решение научиться управлять своей жизнью, до подобного «гениального» он додумается сам.

То есть смысл в том, что не нужно брать на себя непосильную ношу — из матерщинника за одну ночь превратиться в святошу. Главное, осознать то, чего следует избегать (каких собственных проявлений) и к чему стремиться. Начните с реальных задач и, идя от простого к сложному, увеличивайте нагрузку. Постепенно. Только свое самовоспитание не растягивайте на несколько жизней.

Внутренний устав — это свод правил: чему вы хотите следовать и чего считаете необходимым воздерживаться. Этот устав вы должны создать для себя сами, в зависимости от своих индивидуальных особенностей, своих целей, своих идей.

Вот примерный вариант устава.

1. *Питаться умеренно. Не допускать переедания.*
2. *Не допускать суеты, беспокойства, сожаления.*
3. *Не допускать уныния.*
4. *Не допускать раздражительности.*
5. *Не допускать грубости.*
6. *Не допускать высокомерия.*
7. *Проявлять доброжелательность ко всем; в том числе желающим мне зла.*
8. *Принимать все, что приносит день, спокойно.*
9. *Никогда никого не осуждать.*
10. *Избегать обсуждения чьего-либо поведения.*
11. *Никогда не отвечать на хамство хамством. На явную грубость улыбнуться в ответ и пожелать хорошего дня.*
12. *Никогда не упрекать того, кому сделал добро. Не отягощать свою память количеством сделанного мной добра и подарков.*
13. *Иметь готовность извиниться перед тем, кто нанес мне обиду.*
14. *С улыбкой встречать любое препятствие на пути.*
15. *Генерировать внутреннюю силу через преодоление. Использовать любую возможность.*
16. *Не допускать грубых слов от себя самого, по отношению к себе самому.*
17. *Быть самому для себя самой надежной поддержкой.*
18. *«Выращивать» состояние любви в своей душе.*

… и так далее в этом разрезе, исходя из известных вам и приемлемых для вас законов Вселенной и индивидуальных устремлений.

Обратите внимание на рекомендации Терезы Калькуттской, они, по сути, готовый устав.

Для того, чтобы этот устав стал нормой жизни, необходимо расписать под него индивидуальную программу. Это набор ежедневных практических действий — режим дня (как для пионера).

1. *Каждое утро, проснувшись, до того как открыть глаза, я создаю улыбку.*

2. *Умывшись холодной водой, я, перед тем как выпить стакан воды, наделяю его целебными качествами. Держа стакан в своих ладонях, с чувством любви и благодарности к воде, я проговариваю: «Сила, любовь, красота». После этого с наслаждением выпиваю, наблюдая и ощущая, как сила, любовь и красота заполняет все мои клеточки.*

...можно выбрать для себя более строгий назидательный тон...

3. *Каждое утро гимнастика 20 минут.*

4. *Перед завтраком принять холодный душ.*

5. *Перед каждым принятием пищи чтение Гаятри мантры (молитвы Св.Франциска, или «Отче наш», или кому что по душе). Принятие пищи — это духовная практика.*

6. *Выглянув в окно, поприветствовать новый день.*

7. *Перед выходом из дома создать настрой любви и жизнерадостности.*

8. *Три раза в неделю — комплекс упражнений для тренировки силы, выносливости и гибкости тела.*

9. *Ежедневно комплекс упражнений для укрепления Духа (например — упражнение «Всадник»).*

10. *Перед отходом ко сну простить всех и каждого (и себя), попросить прощения у всех и каждого (и у себя). Поблагодарить Бога за этот прекрасный прожитый день.*

Это примерный образец. Вернее, его фрагмент, для того, чтоб было понятно, с чего можно начать самовоспитание (воспитание в себе качеств, ведущих к успеху и гармонии), расширение своего сознания. Когда прописан устав и программа, тогда легче и понятней, что делать, как поступать в затруднительной ситуации. А когда даже нет привычки, но один-другой раз поступили так, как приняли для себя, результат становится очевиден. Уже не захочется отступать от своих правил, потому что жизнь начинает положительно меняться. Становится очевидным, благодаря чему — измененной модели поведения, которая соответствует законам Вселенной. И новая норма поведения становится программой, которая начинает срабатывать автоматически. Это и есть способ управления своей жизнью. Это и есть способ обрести Мастерство.

Глава 7. Любовь и здоровье

*Единственная болезнь — это
недостаточность сознания.*
Шри Ауробиндо

Представьте себе такую ситуацию: приходит к врачу больной и начинает жаловаться на свои проблемы — болячки. Врач внимательно выслушивает и на вопрос: «Что вы мне посоветуете?» — отвечает: «Познай себя!». Как вам такой рецепт? Как, вы полагаете, отреагирует среднестатистический больной на такую рекомендацию? Он будет в шоке, это точно. Протестируйте свое состояние, уважаемый читатель, поставив себя на место этого пациента. Как себя чувствуете? Слегка обескуражены? А ведь данный этим «странным» доктором рецепт является панацеей. Только мало кто желает отыскать панацею внутри себя. Нудное это дело. Предпочтительней и проще ходить на работу, вкалывать, зарабатывать, теряя здоровье, все дальше отдаляясь от себя, все ближе приближаясь к старости, чтобы потом тратить заработанные деньги на лекарства. При этом надеясь, что панацея существует вовне и когда-нибудь ее можно будет купить за наличные. Почему такое положение вещей?! Потому что познавать себя для большинства — неинтересное, тошнотворное занятие. Заглядывать внутрь себя страшно, там ужас что творится (если слушать тех, кто нам назойливо помогают поверить в это). Некоторые современные популярные целители убеждают нас, что наше тело полно шлаков и грязи. Некоторые «любящие» священники убеждают нас, что мы греховны от рождения и, взрослея, становимся более и более порочны. И те, и другие навязывают нам вектор движения наших мыслей в сторону признания собственной порочности и загрязненности, чтобы мы каялись и чистились. Каялись перед одними — теми, которые, так же как и мы, зачаты во грехе (по их собственной идее), и чистились с помощью клизмы, потому что она является идолом для других.

Почему-то мы слабо слышим голос Гаутамы Будды, Иисуса Христа, Шри Сатья Саи Бабы и других пророков, Великих мыслителей и аватаров, говорящих нам о нашей божественной природе, о нашей бесподобности, любви и чистоте, которые есть смысл и необходимость в себе проявлять, раскрывать. Пророки, аватары и мыслители дают нам направление: принять себя такими, какие мы есть, окружающий мир таким, каким он создан Творцом, без условий. И при этом раскрывать лучшее в себе — любовь. Это значит раскрывать в себе Бога. Отвергнуть избирательность и занять позицию принятия, — это значит действовать как Бог. Мы с симпатией относимся к аватарам за приятные предложенные идеи, но не верим им. Мы предпочитаем верить в материальный мир, в бренность своего тела, иногда для очистки совести корить себя за пороки. Мы сами сводим смысл своего бытия к добыче себе корма. А зря.

Человек — подобие Бога. Вам о чем-нибудь это утверждение говорит?

— Что это за человек? — спросите вы. — Покажите мне этого человека.

— А вы посмотрите вокруг. Посмотритесь в зеркало. Посмотрите на своего сына, на мужа или жену. Да, да, все они, каждый из них, и вы тоже — подобие Бога. Хоть на минутку посмотрите на себя и ближнего через эту — непривычную — призму. Посмотрите на соседа, посмотрите на бомжа, посмотрите на того, кого общество, возможно, справедливо называет негодяем.

— Ну уж нет, — скажете вы, — этих уродов в один ряд с нами?! Не согласная я. Какие они подобия? Зачем их только Земля носит? Всех бы их на необитаемый остров, чтоб нам, «хорошим», жить не мешали.

— Ну что ж, нормальный взгляд среднестатистической гражданки, гражданина. Маленькая притча в тему. *Жили-были Добрые и жили-были Злые. Добрые делали добро, а Злые, соответственно, зло. Однажды Добрые подумали: а давайте-ка убьем Злых. И убили».*

Вот такой премилый анекдот, весьма красноречивая ирония по поводу понятия о добре и доброте большинством. Вы когда-нибудь задавали себе вопрос: «Если все *добрые* объединятся и убьют всех злых, то *злых* не будет?» Аватары говорят: ***Мир не может существовать без двух полюсов — добра и зла.*** Поэтому *Добрые* и не заметили, что они родили зло, стали злыми внутри, когда позволили себе нечистые помыслы об убийстве. *Добрые* разрешили себе злые помыслы — попали на службу злу. Поэтому добро и зло будут существовать всегда. Мир закономерен. Я тут не при чем, все претензии к Всевышнему. Таким Он сотворил этот мир. И пока человек дремуч, он не станет постигать Творца и найдет виноватых в своих проблемах — злых. И будет наивно полагать, что если придут какие-нибудь добрые и убьют всех злых, то жить станет радостней, жить станет веселей. Мы все это проходили не раз, в разных интерпретациях. Бессмысленность борьбы со злом вовне очевидна. Необходимо создать мир в себе.

— Как?

— Неплохо бы нам с вами хотя бы немного разобраться в мироустройстве. Придется вам выслушать лекцию на эту тему. Лекция довольно нудная, но дам интригу. Мы сейчас будем учиться, как самостоятельно убирать физическую боль, как налаживать свое здоровье. Заинтересовались?

— Ну вот, наконец-то о наболевшем.

— Все дело в том, что Мир не сам по себе, он имеет законы, согласно которым все происходит — движется на нашей планете. Эти законы к человеку имеют прямое отношение. Один из них известен абсолютно всем — закон тяготения. Он слишком очевиден, чтоб его игнорировать, тут — без комментариев. Хотя, возможно, и найдется скептик, который не согласится. Не согласен? Не принимаешь? Кто будет уговаривать?! Пару раз больно стукнешься, третьего не понадобится — станешь считаться с ним. Есть законы, которые не так заметны, как гравитация. Когда какой-то человек «больно ударяется» (сталкивается с неприятностями), и это происходит снова и снова, он, как правило, задумывается: «Почему?». Человек задает этот вопрос снова и снова. Кого он спрашивает? Себя. А кто или что отвечает? Собственный ум. А ум едва ли может дать правильный ответ, потому что ограничен в истинных знаниях и богат ложными. Вот ум и дает неверный ответ типа: «Нет справедливости в жизни», «Весь мир бардак…», «Судьба моя, злодейка». Иногда ум в ответ «пожимает плечами» и отвечает вопросом: «Да, шо ж эта такое?! Да када ж эта кончитца?! Нет, так дальше низя, нада што-та делать». Такая интеллектуальная и психическая реакция хотя бы оставляет шанс найти истину. А истина в том, что столкновение с неприятностями — следствие, имеет причину — несоблюдение законов Вселенной.

Чтобы их узнать и убедиться, в том, что эти законы существуют и работают, нужно поставить себе задачу — изучать их. Для этого нужно просто наблюдать. Наблюдать и размышлять. Это путь исследования, который позволит обнаружить и понять то, что скрыто от поверхностного взгляда. То, что скрыто для большинства, для исследователя понятно и очевидно. Приходит понимание, что *не осуждать, не оценивать, не сравнивать, отслеживать чистоту помыслов и поступков, любить себя и ближнего* оказывается необходимо для собственного блага, чтоб «больно не стукало». Становятся понятными законы Вселенной (суть одно — законы бытия) и необходимость их соблюдать. Чтобы жить в гармонии со Вселенной, помогает добровольно принятый индивидуальный внутренний устав. По сути это конкретизированная жизненная философия.

И вот это тайное, скрытое становится явным, благодаря возникновению проблем в плане физического здоровья. Не спешите удивляться. На примере здоровья мы будем выявлять законы жизни — законы бытия. Мы будем разбираться, как жизненная философия влияет на здоровье. Будем присматриваться к очевидному, размышлять и делать выводы.

— М-м-м. А нельзя ли покороче?

— Неохота слушать длинные лекции? Хотите быстрее узнать способ? Пожалуйста.

Чтобы снять боль — мы направляем любовь в область боли.

— О чем это вы?

— О чем это мы? Дребедень? Мистика? Вышеприведенная идея отскочила от вашего ума, как мячик от противотанковой брони? Ничего страшного. Такая ваша реакция объяснима. Предложенная методика вам не привычна, так не принято. Боль — это враг. Враг — это плохо. Врага надо ненавидеть. Врага надо уничтожать. Это устаревшая точка зрения, совершенно непригодная в мирное время. Она является препятствием на пути к гармонии. Маленький пример. В Шаолиньском монастыре (месте рождения буддийской школы Чань и центре буддийских боевых искусств), что на горе Суншань в Китае, находится ряд школ боевых искусств. Ежедневно монахи — учащиеся этих школ, тренируются. Не берем сейчас уроки каллиграфии, медитации и прочих духовных практик. Возьмем во внимание только работу с телом. В процессе этих тренировок, день за днем, через физический труд, оттачивается мастерство владения своим телом, выносливость и одновременно осознанность. Так вот — основная задача тренировок и достижение виртуозного владения телом, для монахов, — это избавление от агрессии. Это так, они тренируются не ради того, чтобы побеждать противника на татами и завоевывать титулы и пояса (это второстепенная сторона вопроса, которая является скорее мотивом, чем самоцелью). Внутренняя агрессия — это враг. Гордыня — это враг. Физические нагрузки и концентрация внимания, в сочетании с философией, растворяют внутренних врагов, дают обретение власти над ними. В этом их основная задача, в этом их цель — познание себя и освобождение от «мусора». Вопрос, «что первично — сознание или материя», перестает для них существовать. Когда они открывают для себя целостную картину мира и свободно своим сознанием управляют собственной материей. Причем если попавший в монахи имел серьезное увечье или иную проблему со здоровьем, в своем обучении он направляет свое внимание именно на избавление от агрессии — чтоб не осталось ни капли. Процесс избавления от внутренней грубости, от суетливости ума дает ученику власть над своим телом и (естественно) исправление проблемы. Происходит реальное исцеление, механизм которого понятен и ученикам, и учителям. С точки зрения «дремучести» (не духовного разума, а материалистического ума) — это выглядит абсурдом — тренироваться и достигать мастерства в прошибании черепов и ломании костей, чтоб никогда это не применять. Размышляйте, переживайте.

Может, теперь понятно, как убирать боль? Не очень?! Тогда продолжим по порядку.

Что происходит, когда вдруг неожиданно заболела печень или нога (впервые или после какого-то периода ремиссии)? При возникновении боли наше внимание, мгновенно перемещается на участок, в котором возникло болевое ощущение. С этим согласны?

— Это бесспорно.

— *Вывод № 1. Боль мгновенно притягивает внимание.* Теперь оцените, какие эмоции и чувства возникают в момент, когда возникла боль. Тревога, раздражение, страх, огорчение, недовольство, злость, досада. Эдакий коктейль из негативных ингредиентов. Мы вроде бы направляем негатив в адрес боли, но получателем этой «бандероли» оказывается наша собственная плоть — печенка или коленка.

Мы это делаем ненарочно, неосознанно: внимание перемещается рефлекторно, а эмоции рождаются по привычке. Все происходит спонтанно. И если рефлексы менять нет необходимости, то нездоровые привычки можно и нужно поменять. Но сначала нужно твердо убедиться, что это вам действительно необходимо.

Главное понять, что отрицательные эмоции, которые мы автоматически направляем в адрес боли, — это яд. Он действует разрушительно на орган, которому достается лишь только потому, что он пожаловался хозяину на недомогание. Он попросил помощи, а вместо помощи получил удар «под дых». И не от какого-нибудь злодея, а от собственного хозяина. Абсурд? Да. В нашем обществе он не единственный. Думаю, для вас это не новость. Напомню еще одну неновость — *все в наших руках*. Поэтому продолжаем разбираться.

Вполне естественно, что от этой «помощи» органу еще хуже. И когда занемогший орган сильно уж «достает» хозяина, он ему — таблетку, чтоб «заткнулся» и не беспокоил, не отвлекал от дел насущных. Бедный орган затыкается, потому что, когда таблетка срабатывает, размыкается связь ощущений между органом и хозяином. Вот такое насилие над собственным организмом. Почему так происходит? Из-за нежелания изучать возможности организма и развивать свои собственные способности. Проблема не решена, она замаскирована. Убран симптом, но не причина. Убран временно — действие анальгетика рассчитано лишь на несколько часов, потом нерешенная проблема опять напомнит о себе. Значит, возникшая проблема остается и успешно продолжает путь своего развития. Таблетка (безусловно, имеющая отрицательные побочные эффекты) отключила на время ощущение боли, но не отключила проблему. А красивая манящая реклама нас «заботливо» и авторитетно «лечит»: «Ударь по боли! "Пенталгин" твой лучший друг!» Ответьте, пожалуйста, на вопрос: «Чей он друг, если для организма это вредно и не дает перспективы на хорошее самочувствие?» Еще один абсурд. Таблетка — это вовсе не плохо, она находится на своем нужном месте. Но то, что телевизор стал назначать лечение и выписывать рецепты, — это, согласитесь, абсурд. Хотя и легко объяснимый — нажива. Сначала телик нам рекомендует обедать сникерсами, чтоб испортить свой желудок, а затем «Смекту», чтоб снять неприятные симптомы — естественное следствие от предыдущей рекомендации. Золотое дно. Стабильно растущие проблемы у людей, стабильно увеличивающийся доход. Хотя, впрочем, современный человек не настолько глуп и слаб, чтоб, как овца, идти туда, куда зовет говорящий светящийся ящик. У каждого есть здравый смысл и возможность выбора.

Однако мы отвлеклись. Изначально Генеральным конструктором человека — Господом Богом, была предусмотрена жизненно необходимая связь хозяина тела — человека, с каждым миллиметром его владений; и называется эта связь иннервацией. Не для красоты, не для форсу, а именно на тот случай, когда вдруг в системе под названием человеческий организм произойдет какой-то сбой, его хозяин был оперативно извещен и оказал помощь — убрал проблему. Сам убрал. Этим свойством — способностью устранять любую возникшую проблему в организме, Творец также наделил человека. Но где-то, когда-то, очень давно вследствие каких-то событий, человек забыл об этих своих способностях. Вследствие чего? Может быть, упал с полки во время сна и стукнулся головой, когда неловкий машинист резко дернул поезд, и, как результат, — «тут помню, а тут не помню». Может быть из-за новшества, когда фармацевтика стала заявлять о себе, и боль стало возможно унимать с помощью таблетки. Возможно, человек это новшество понял как избавление от нудной внутренней работы.

Опять вспомнил Шаолинь. Был забавный случай: один молодой монах этого монастыря, после того как его на спор вынудили попробовать водку, заявил: «Водка — это еще хуже, чем читать мантры». К чему это я? Попробуйте понять.

Итак, возникшая боль вызывает раздражение, печаль, страх, недовольство, жалость и тому подобное. Весь этот коктейль мы обычно (не нарочно) направляем в часть тела, которой нужна поддержка. Так делают все. Глупости не надо учиться. Она растет сама по себе и неискоренима, как сорняк на огороде (если «своим огородом» не заниматься). Оставлять «огород» без участия — это неправильно.

Вывод № 2. Негативное внимание в адрес боли разрушает собственную плоть.

— А как надо? Как правильно? Что там было про любовь?

— Хорошие вопросы! Значит, начинает включаться мыслительный процесс. А благодаря чему? Выходит так, что благодаря проблеме. Отследите взаимосвязь.

А теперь внимание! Практическое упражнение: *В момент возникновения боли сделайте усилие, чтоб овладеть эмоциями, чувствами. Замените отрицательные эмоции на положительные. Создайте настроение — состояние заботливости, нежности, любви и, улыбаясь, направьте эти чувства захныкавшей коленке или печенке.* Вы спрашивайте, спрашивайте.

— Сколько надо по времени? Долго не смогу — секунд двадцать.

— А чего? Чего так мало? *Сколько требуется закапризничавшей лялечке — собственному органу, столько и нужно дать.* Если ваш плачущий малыш через полминуты не успокоится, что вы будете делать? Вы будете качать его, убаюкивать, нежно прижимая крохотулечку к своей щеке, источая нежность и полчаса, и час, и больше, если потребуется. Ведь это ваш ребенок, ваша лялька, ваша кровиночка. Вы же его любите. Так отчего ж к собственной печенке такая небрежность, такая нелюбовь? Непорядок. Сильно, видать, тогда стукнулись, когда с полки упали. Ладно, не обижайтесь. Понимаю — нет навыка проявлять нежные чувства, особенно когда больно. Воротит от идеи направлять любовь в адрес боли. Будем учиться. Посмотрим на нашу жизнь глазами звезд. Придется немного коснуться жизненной философии, потому что, как мы уже упомянули, она помогает соблюдать законы, установленные Творцом. У законопослушных жителей планеты проблем не возникает.

Поразмышляйте — неспроста ведь Всевышний так все устроил. Есть какие-нибудь соображения, выводы? Ведь Он всячески: через пророков, аватаров, Мастеров Пути — призывает нас, людей, научиться любви. Господь призывает нас научиться любить ближнего, и не как-нибудь, а через себя — полюбив себя. И через собственную боль проще всего постичь, что любовь — формула жизни. И надо научиться проявлять ее не по праздникам, а всегда. Понятно?

— Не-а.

— Возвращаемся к практике. *Когда вы все же (возможно, через неимоверные усилия), сможете создать положительные чувства и направить их в адрес боли, то через минуту, максимум пять, обнаружите, что боль либо растворилась, либо начала смещаться. А вы со своей улыбкой и нежностью вслед за ней. И вот она исчезает. Уф-ф-ф, как хорошо. Через некоторое время боль опять может объявиться, а вы опять свое — направляете ей любовь. И — о чудо! Она исчезает. И это действие имеет не анальгезирующий эффект, а эффект заживления — исцеления. Конечно же, нужно вложиться, чтоб чувства были как можно ярче и сильнее.* Тогда ощутимее результат. **Если результат не удовлетворяет, причина одна — не достаточно силы и яркости чувств.** Если необходимо, потрудитесь, добавьте эти нужные компоненты, и непременно будете вознаграждены. Вы будете просто ошарашены от полученного эффекта, убрав (за две-три недели данной практики) хроническое заболевание, которое несколько лет навязывало вам свою дружбу. Не за один раз, конечно, но самостоятельно и предельно эффективно. Прошу вас обратить внимание — вы смогли восстанавливать свой организм не просто за счет какого-то движения мысли и чувств. Это вторично. Вы смогли достичь прорыва в восстановлении своего здоровья благодаря тому, что встали на путь познания себя и взяли на вооружение новую жизненную концепцию. Концепцию — проявление любви, как ответ на причинение боли. Уместно вспомнить наш разговор о принятии. И вот уже когда вы, имея новую жизненную позицию, совершаете практическое упражнение: движение эмоций, мыслей и концентрация внимания, — тогда достигается результат. Чем прочнее вы внедряете в свое сознание жизненную установку — проявление любви в ответ на боль, тем заметнее и устойчивей ваш положительный результат по здоровью.

Вот тогда-то вы сможете размышлять. У вас будет собственный опыт для размышления на тему мироустройства. Поставьте перед собой задачу найти ответы на некоторые философские вопросы: «Для чего человеку дается боль? Где находится ее источник?» Осмыслите найденные ответы, проверьте их не раз, и тогда Мир откроется вам с другой — более интересной стороны. Потому что вы сможете понять, через собственное переживание, один из важных законов жизни. Всегда можно обратиться к утверждениям пророков. Иисус подсказал нам этот закон: «Возлюбите врагов ваших». Теперь понятно, для чего? В этом промысел Творца. И этим путем необходимо пойти, раз боль заставила вас встать на путь познания. Нужно продолжать изучать возможности своего тела, а также связь образа своих мыслей и мировосприятия со своим здоровьем. Это нужно, чтоб никакая болячка не возвращалась. А появись новая, тут же ее встретить достойно. И как вы уже наверняка смекнули, мы начали с физического здоровья, а теперь речь ведем уже о здоровье духовном, потому что одно с другим имеет тесную взаимосвязь.

— Но ведь есть жестокие преступники, люди, творящие зло, у которых отменное физическое здоровье. Как вы это объясните?!

— Академик М. Норбеков по этому поводу выразился так: *«Люди, сознательно творящие зло, — это слуги дьявола. Они у него на службе. Дьявол заинтересован в пополнении своей армии слуг, потому что они сгорают как спички — как правило, жизнь этих слуг коротка. А те, кто остается надолго, получают гонорар за свою службу. А у дьявола одна валюта для расчетов — боль. Другой он не пользуется. Если он вдруг стал бы рассчитываться радостью, это нарушило бы сам принцип его кредо».* Поэтому за поддержку от Дьявола — за успех в неправедных делах, за временную эйфорию, любого его слугу ждет оплата за службу — боль, в тысячи раз большая, чем он причинил за время службы. Не думаю, что вы хотите внедриться в эту организацию и на своем опыте узнать ее устав и бухгалтерию.

Вывод № 3. Боль не выдерживает позитивного внимания. Это повод стать позитивным. Это повод поработать над своими мыслями, над своим характером.

Опять вспомним рекомендацию Иисуса Христа: «Благословляйте проклинающих вас». Мало кто из верующих до конца понимает смысл этого призыва. Атеист скажет: «Ну уж нет! Я эту сволочь...». Крещеный честной народ, иногда заглядывающий в храм (чтобы Бог исполнил какое-то желание), скажет: «У меня язык не повернется этих падших грешников благословлять». И только тот, кто истинно верует и знания получает свыше — интуитивно, а не только от энциклопедического ума и телевизора, знает значение этих слов. Только тот, кто смог научиться ***проявлять любовь в адрес своей боли, а врагам желать благополучия,*** знает: соблюдать это принцип — ***это значит быть хозяином своей жизни.*** Это и есть пояснение: что значит — *подставить другую щеку...* Стремление постичь этот принцип дает возможность расширения сознания. Расширением сознания человек убирает проблемы из своей жизни. Высший уровень сознания, доступный для любого земного человека, — это безусловная любовь. Не путайте, пожалуйста, любовь как состояние — постоянное проявление, и любовь как обывательский статус взаимоотношений.

Любовь — это возможность исцеления своего тела. Любовь — это исцеление своей души. Любовь — это гармония. Любовь — это выбор каждого. Ненависть — это тоже выбор. Скорбь — это тоже выбор. Жалость — это тоже выбор. «Пенталгин» и «Смекта» — это тоже выбор. Что выберете вы?

Вы обнаружили, что нет навыка проявлять любовь, когда ее никто или ничто не вызывает. Вы обнаружили, что любить можете только тогда, когда кто-то дает повод, когда есть для этого причины. Это более чем распространенное общественное явление, притом это показатель несвободы, ограниченных возможностей. Ничего страшного, зато вы теперь знаете путь, знаете — над чем работать. Было бы желание трудиться.

Возникают сомнения: «А надо ли?». Это голос слабой стороны, которая есть в каждом из нас. «В обнимку» со слабой стороной — это путь в страдания. Ищите и найдите довод, чтоб поддержать свою сильную сторону, которая всегда стремится к развитию, к прогрессу и приводит к достижению целей.

Опыт, накопленный человечеством, более чем достаточен, чтоб своими четырьмя процентами активных клеток головного мозга человек совершил простой ряд размышлений. Эти размышления неизбежно приведут к потрясающим своей ясностью и простотой выводам.

— *Любовь — это созидание, а ненависть — разрушение.*

— *Злость — это противоположный любви полюс.*

— *Раздражительность — это легкая форма злости.*

— *Зависть, ревность, высокомерие — это островки вокруг противоположного любви полюса.*

— *Ненависть к проклинающим и клевещущим — это те же островки.*

— *Злость, раздражение, печаль как реакция на боль, — это те же островки.*

— *Проявляете злость — служите злу. Хотя, возможно, считаете себя добропорядочным человеком.*

Творец создал исключительные условия, чтобы человек мог научиться негатив преобразовывать в позитив. Минус превращать в плюс. Зло превращать в добро. Пусть даже для того, чтобы научиться, потребуется несколько сот тысяч или миллионов лет. В помощь для обретения необходимых способностей приходит недуг. Осознанный человек в нем не нуждается. Он совершает действие, до того как возникнет проблема, и она не возникает, просто обходит стороной.

Мы, вместо злобы, в адрес боли направляем любовь, и боль уходит, недуг уходит.

Такой же принцип распространяется на врагов, недоброжелателей. Они приносят неприятности, боль. Но если позволять себе негативные эмоции, мысли и помыслы, значит, разрушаться, свою жизнь превращать в борьбу и не достигать желанного итога, а наоборот — проигрывать. Если проявлять к врагам любовь, рождается внутренняя сила. И эта сила не дает недоброжелателям достичь своих низ-

ких целей. А силу вы вырастили с их помощью. Цели недоброжелателей недостигнуты, а сила осталась при вас. А она
нужна для созидания. Вы, когда преодолели собственный
поток нежеланных эмоций и мыслей, ощущаете приток
силы, вы сами чувствуете, что встали на ступеньку выше
(в своих возможностях). С новой силой вы теперь можете
готовиться к новому восхождению — еще шаг вверх. И так
дальше. Вы поднимаетесь по лестнице духовного развития,
становясь все более устойчивым, неуязвимым, несокруши-
мым. А раз так, то вы можете ставить и достигать более
высоких целей. Высшая обозримая цель — вершина, это
состояние гармонии. Движение к цели наполняет жизнь более глубоким смыслом и радостью. А помог вам в этом кто?
Недоброжелатели. Вы можете сколько угодно сомневаться
в действенности этого механизма, но для вас это останется только как непонятная сомнительная теория, пока вы не
испробуете на практике. Если вы проявите терпение, возь-
мете под контроль свои эмоции, когда возникнет желание
придушить каких-то личностей, которые низко ведут себя
по отношению к вам, проявите к ним нежность (как к ребенку, который «наделал» мимо горшка), то обнаружите
интересные вещи — действительно, их козни не достигают
результата. Потому что в этом случае, когда вы поступаете
в соответствии с законами мироустройства, идет поддержка от самой Вселенной. Бывают случаи, когда мы находим-
ся в положении, что не можем предпринять какие-то действия в ответ, на какой-то выпад какого-то человека. Бывает
состояние ожидания, вынужденной паузы. В этот период,
особенно у темпераментных людей, кровь кипит, клокочет
злоба, ненависть. Это кипение и клокотание имеет причину — человеком управляет его собственная слабая сторона
и уязвленное эго. И вот тут надо сделать правильный выбор — важно желать выиграть не у третьих лиц, а у собственной слабости и эго. Нужно стремиться осознать, что
обыграть свою слабую сторону куда важнее, чем обставить
недоброжелателей.

Если в этот момент человек, уклоняясь от внутренней
работы, идет на поводу у своих эмоций и решает бороться

(потому что считает себя сильным), то Вселенная безучастна. Она безучастна в делах того, кто растрачивает свою силу на ненужную борьбу с собственным отражением, уклоняясь от труда над собой. Такой человек позволяет себе быть уязвимым. Вероятность успеха крайне низка. К тому же процесс борьбы сказывается на здоровье. Сильный организм такой режим выдержит... какое-то время. Запас прочности когда-нибудь кончится. Понятно теперь, откуда берутся недуги? Они результат срабатывания закона — механизма, построенного Творцом. А на недоброжелателей эти ваши эмоции не оказывают особого влияния. То, что вы расстроились или рассердились, их только рассмешит — порадует. Ваше спокойствие и доброжелательность заставят их уважать вас. Практикуйте проявление любви. При первых попытках, возможно, будет тошнить, от одной только идеи. Терпение, и при повторных действиях неизменно пойдет прогресс. И вот тут наблюдайте: «Что происходит в душе? — Успокоение. Что происходит в делах — налаживаются вопреки предпосылкам».

Тогда подытожим.

Мы выигрываем у боли, когда в ее адрес направляем любовь.

Мы выигрываем у врагов, когда в их адрес направляем любовь.

Только, пожалуйста, не превратите то, что должно быть движением, эволюцией души, в фарс. «Ладно, я сейчас попроявляю любовь и прощение в твой адрес, но если ты, гад, еще выкинешь подобный номер, то я за себя не отвечаю». Не смейтесь, такое бывает. Не попадайтесь в ловушку собственного ума, который в душещипательных ситуациях часто объединяется с вашей же слабой стороной и, рождая неверные мысли, заставляет идти ложным путем. Проявите непривязанность к результату — что будут делать эти люди после пятиминутного вашего усилия над своими чувствами. Но проявите заинтересованность в своих эмоциях, мыслях, помыслах, поступках. Это означает заинтересованность в собственном развитии. Тогда все происходит вопреки кажущимся предпосылкам — в вашу пользу.

Так задумано Творцом, чтобы мы преодолевали в себе ненависть, осуждение, презрение, чтоб через боль, неудачи и препятствия мы тренировали чистоту мыслей и помыслов. И тем самым постигали Творца.

* * *

Как будет выглядеть действительность, когда человек подкован премудростями жизни?!

Предположим, что какой-то человек находится в состоянии любви и культивирует это состояние. Он знает об этой науке от своих родителей или из других источников. Он знает, что любовь созидательна, что любовь — это формула жизни, что ни при каких обстоятельствах, как бы ни повел себя любимый человек, он не позволит себе проявлять ненависть или любые другие отрицательные чувства. И вот в этом состоянии тем не менее возник в организме какой-то сбой, какая-то физиологическая проблема. И хоть это менее вероятно, чем в состоянии отсутствия любви, все же допустим такой вариант. И вот, находящийся в состоянии любви, культивирующий в себе это состояние человек направляет свое внимание и чувства, которые присутствуют в его душе, в участок, который привлек к себе внимание болью. Человек с любовью «смотрит» на этот участок или орган, и *мощная созидательная сила целенаправленно потекла туда, где возникла проблема*. Боль начинает стихать и довольно быстро исчезает. Начинает растворяться не симптом, а сама проблема. Тот факт, что симптом ослабевает и исчезает, свидетельствует о том, что воздействие оказано на корень самой проблемы. Практикуйте. Мистика уходит, когда мы постигаем механизм свершения чуда. Чудо перешло из разряда невероятного в очевидное.

Если вы тщательно проштудируете литературу (от современной до древнейшей), то в разделах о духовно-оздоровительных практиках непременно найдете этот метод. То есть мир располагает этими знаниями с незапамятных времен. Но фармакологическая промышленность наращивает объемы производства медикаментов, потому что в них нуждаются страждущие. Эти медикаменты помогают, но не исцеляют. Помогают. Но почему-то, по какой-то причине количество больных на планете увеличивается, как и количество болезней, и никто не оспорит тот факт, что болезни молодеют. Не парадокс ли?

Притом известно давно, что Любовь — формула жизни. Об этом как-то раз пришел и напомнил Будда — очень слабо услышали и мало кто. Потом пришел Христос, напомнил внятно, для менее одаренных, вообще ничего не услышали, но зауважали, после того как распяли. Потом пришел Мухаммед и с той же самой идеей Всевышнего обратился к особо темпераментной и воинственной части населения планеты — заинтересовались. Но! Во все времена для власть имущих идея Бога — *раскрытие в своем сердце любви,* была невыгодной, и эта идея подвергалась цензуре, редактуре, трансформации. Общество, в котором станет расцветать любовь как религия, перестанет нуждаться в политиках, тюрьмах и прокурорах (по крайней мере в таком количестве, как нынче). Когда любовь станет заполнять сердца людей, они перестанут нуждаться в посредниках между своей душой и Богом. Политикам и священникам это не выгодно, они потеряют свою значимость и свои теплые места. Эти-то понятно, им невыгодно, а мы-то чего не откроем глаза и уши?

Поздний вечер. Мужчина что-то ищет возле фонарного столба. Подходит милиционер и спрашивает:

— Гражданин, что вы здесь делаете?

— Да ключи ищу.

— А где потеряли?

— Да вон там, у автобусной остановки.

— А почему тогда ищете не там, а здесь?

— А здесь светлее.

У вас вызывает симпатию этот гражданин? «Ну и тупо-о-о-й», — скажете вы. А его действия вам никого не напоминают? Разве весь мир не занимается тем же самым? Ну ладно, раньше, когда накапливали опыт. Теперь его достаточно. Пора начинать им пользоваться. Вот она и причина боли — не там ищем. Ищем, где удобней — в аптеке. Можно ли найти что-то там, где удобней искать, если потеряли в другом месте? Вы знаете ответ. Мир закономерен. Не учитывая, игнорируя закономерности мира, в котором мы живем, ничего не удастся найти ни в личностном масштабе, ни в планетарном. Не удастся найти душевного комфорта в мире, в котором мы испортили и продолжаем портить экологию. Всему есть предел, вот уже и заканчиваются на планете уголь и нефть. Никакого спасения, если ничего не менять. Можно, конечно, уповать на «Гелий-3», «Плутоний-3», биотопливо и т.п. (как новое поколение энергоресурсов). Вопрос в другом. Сможет ли второе пришествие Христа спасти нас от нашей собственной глупости?! Ждем пришествие того, кто нам еще раз скажет: «Люди любите друг друга. Все вы имеете божественную природу. В каждом из вас — Бог». Так он уже давно пришел и проповедует. Это аватар, великий святой Шри Сатья Саи Баба, живущий в Индии.

— Все, что вы говорите, тема весьма дискуссионная. А о втором пришествии вообще сомнительная. Давайте о земном и наболевшем. И все же почему мы болеем?

— Как-то на тренинге одна участница поведала историю.

Мы с мужем после свадьбы прожили чуть больше двух лет, когда врачи поставили мне пренеприятный диагноз, требующий операции, возможно не одной, и длительного лечения. Ситуация требовала, чтобы в процессе лечения кто-то ухаживал за мной. Кроме мужа некому. Я поделилась с ним своей бедой, рассчитывая на понимание и поддержку, но он мне прямо заявил, чтобы я на него не рассчитывала, что больная я ему не нужна.

*Как мне было горько и обидно, не передать словами. Поплакала, попереживала и пришла к выводу: условия, в которых я оказалась (с таким незаботливым мужем), не позволяют мне болеть. Я собрала всю свою волю в кулак и решила не позволять болезни превратить меня в беспомощную, брошенную, несчастную женщину. Я ощутила физически, как мое **твердое намерение мобилизовало мой организм**. Я категорически отказалась от операции и согласилась только на минимальную терапевтическую помощь и решила, невзирая на положение вещей, начать учиться.*

Я чувствовала в те дни себя, как будто я ледокол.

И я победила свою болезнь. И получила образование.

Прошло тридцать лет. Я успешный в бизнесе человек. У меня прекрасный коллектив, замечательные отношения. Я в принципе здоровый человек. А мой муж инвалид, и я ухаживаю за ним. Вот так судьба распорядилась.

И только сейчас до меня дошло, что моим сегодняшним положением я обязана своему мужу. Если б тогда пожалел, проникся и дал добро на инвалидность, то расслабилась бы и отдалась на милость недугу (а ему — недугу, только этого и надо). Благодаря его «предательству» тогда я вынуждена была сказать болезни: «Нет!». Я твердо решила, стиснув зубы, преодолеть все тяготы. И преодолела. И теперь я поняла, что благодарна ему за все это.

Почему болеем?

1. *Болеем потому, что позволяем себе болеть.*
2. *Болеем из-за жалости к себе, вместо любви.*
3. *Болеем потому, что разум беден знаниями о самих себе, о мире, в котором мы живем.*
4. *Болеем благодаря набору ложных правил и вредных привычек.*
5. *Болеем потому, что загрязняем свой ум и тело информационным, энергетическим мусором.*
6. *Болеем от дефицита правильных жизненных ценностей и отсутствия любви в своем сердце.*
7. *Болеем из-за нечистых мыслей, помыслов, эмоций и поступков.*
8. *Болеем потому, что уповаем на химические способы решения проблем.*
9. *Болеем потому, что ответственность за свое здоровье переложили «на плечи» исключительно медицины.*

Все перечисленное «богатство» можно назвать одним словом — ***суженное сознание***. Позиция — обходиться в жизни возможностями в пределах границ сугубо материального мышления, не пытаясь расширять эти границы, нежелание постичь собственную природу, это показатели суженного сознания. Это значит — раскрыть свои объятья множеству проблем. Они (проблемы) непременно адекватно среагируют на гостеприимство — придут на зов. Расширяя сознание, человек избавляется от проблем, они остаются за пределами границы более широкого сознания. Это закон мира. Закон Вселенной. Закон бытия. Закон Творца.

Глава 8. Любовь и сексуальная энергия

Вечно женственное всегда являлось возвышающей силой для лучших мужчин.

Ромен Ролан

Почему мужчину привлекает красивая женщина? Почему мужчина такое важное значение придает внешности — *форме*? Потому что *форма* разжигает в мужчине сексуальность. Понятие о красоте — это вопрос, может, и спорный. У каждого свой идеал красоты. У каждого свой идеал *формы*. Не о красоте разговор, о сексуальности и сексуальной энергии. И в этой свя*зи* возможных проблемах, имеющих очевидную причину — дефицит жизненных ценностей.

Творец создал умышленно разными мужчину и женщину. Мужчина от природы обладает тем, чего нет у женщины, но жизненно ей необходимо: физическая сила, жесткий, консервативный, логический ум, поиск доминирующей жизненной цели. То, чего женщине не достает, она находит в мужчине. В свою очередь, у женщины от природы есть то необходимо важное, чего нет в мужчине, в чем он очень нуждается: женственность, чувственность, эмоциональность, гибкость, способность дать мужчине жизненную цель, дать источник для максимальной самореализации. Для мужчины женщина этим и привлекательна — своим природным набором отличий от мужчины. Творец так специально устроил, чтоб *Он* стремился к *Ней*, а *Она* стремилась к *Нему*. Чтоб каждый из представителей половины человечества искал своего богатства, раскрытия своей природы и реализации в паре.

Поэтому мужчину естественным природным путем влечет к женщине. Но не к любой, а к той, у которой ярко проявлено женское начало (не берем исключения — когда ограничен выбор и когда мужчине нужна не женщина, а домработница). Но даже ярко проявленное женское начало далеко не каждому мужчине удается распознать, поэтому сознательно и подсознательно стремится к внешне привлекательному источнику. Стремится сознательно, потому что престижно, что диктуется гордыней, несвободой — зависимостью от мнения окружающей среды, и некоей практичностью — для более успешного ведения дел. Хотя вполне возможно, что стремление к красоте вызывается эстетической утонченностью или просто хорошим вкусом.

Стремится подсознательно, потому что сексуальная энергия является мощной жизненной силой, а женщина обладает способностью запускать генератор, вырабатывающий жизненную энергию. Привлекательный объект является катализатором, который выводит мужской генератор жизненной энергии на более высокую мощность. Примерно так выглядит принцип влияния внешнего на внутреннее. По этой причине далеко не каждый мужчина способен увидеть бедное внутреннее содержание, «ослепленный» яркой вывеской. Поэтому внутренне богатой женщине есть смысл позаботиться о своей внешности, чтобы помочь мужчине распознать — обнаружить ее внутреннюю красоту.

Мужчина инстинктивно, подсознательно стремится получить оргазм. Оргазм для мужчины, кроме наслаждения, — это еще и нервная разрядка. Организм сам (без непосредственного участия разума своего хозяина) стремится, всеми доступными способами, снять нервное напряжение. Чем ярче оргазм, тем мощнее разрядка. Яркий оргазм вызывается сильным возбуждением. Сильное возбуждение усиливает влечение. Влечет, как правило, к красивой или сексуальной форме.

Не берем сейчас во внимание влечение к близкому человеку, с родной душой, с которым хочется делить радость, с которым любые тяготы переносятся легче. При всем при том, если этот близкий все же заботится не только о душевной своей красоте, а еще и внешней форме, от этого существенно выигрывают оба.

С одной стороны, есть зов биологических сил получить наслаждение и разрядку, с другой — стремление души радоваться. На деле получается так, что за наслаждение приходится чем-то расплачиваться, жертвовать, что-то терять. Поскольку стремление к получению наслаждения является мощным инстинктом, то он оказывает немалое влияние на интересы, приоритеты, поведение человека. Путь к наслаждению и удовольствию прост и очевиден. Трудно удержаться от соблазна выбрать простой и доступный путь, отказавшись от изучения собственной природы и поиска вершин возможности своей души и духа. Зов тела несравнимо сильнее, чем голос души. Сложные пути требуют проводника. А где его найдешь? Особенно когда в нем не испытываешь потребности. Поэтому в нормальном здоровом стремлении к плотскому наслаждению человеку свойственно не задумываться об интересах собственной души. Очень сложно уйти от влияния этого свойства — таков уровень развития сознания человека в данную эпоху. Но! Выведи человек свою душу на первый план, не игнорируя своей физической основы, ему откроются вершины получения наслаждения несравнимые с тем, что может давать исключительно банальный секс. Чтобы соединить в одно наслаждение от секса и радость от жизни, необходимо обратить свое внимание на человеческую — духовную, основу. Все-таки важнее не разрядиться еще и еще раз, а стать и всегда быть счастливым. Для этого собственный духовный потенциал необходимо познавать и раскрывать. Это доступно каждому.

Во-первых, для того, *чтобы быть счастливым, нужно научиться проявлять великодушие* к особенностям природы противоположного пола. Такими нас создал Творец. Предъявлять претензии хоть отдельным представителям противоположного пола, хоть всей половине человечества — это заявка: *«Я лучше разбираюсь в делах Творца, чем Он сам»*. Человек живет в своем мнении, которое сформировано собственным умом, движением в нем стереотипных идей — требуя от мира, чтоб он был каким угодно, только не таким, каков мир есть в настоящий момент. Так мыслить — значит добровольно занять заранее проигрышную жизненную позицию — **позицию непринятия**. Это значит проживать жизнь тела, действиями и проявлениями которого руководит ум, вооруженный множеством заблуждений, не обращая внимания на собственную душу. В этом случае человек утверждается в потребительском отношении к жизни, к окружающему миру и к его представителям — окружающим людям. Это выглядит так — создайте мне условия, принесите мне ту модель мира, которая меня бы устраивала, вот тогда я буду радоваться и проявлять доброту, а пока не принесете, я буду оставаться таким, каков я есть. Можно оставаться в ожидании долго, хоть всю жизнь. Никто не принесет. Наверняка. Это выбор каждого, на что сделать акцент в своей жизни — создавать или потреблять. Можно до посинения спорить с Создателем: «Ты создал мир неправильным. Халтура. Не принимаю». А есть другой вариант — можно стать сотворцом.

Во-вторых, преобразовать свою позицию потребителя в мировоззрение дарителя. Создавать красивое и потреблять красивое — это стремление к эстетике, только с разных сторон. В первом случае необходимо проявление утонченности, таланта и трудолюбия, а во втором… Найдите разницу между любителями природы и любителями бывать на природе. Достаточно выехать на излюбленные места отдыха горожан, на лоно природы. Комментарии не нужны. Те, кто там оставил свои следы — помойку, наверняка скажут, что они любят природу. На самом деле они не любят ни природу, ни Творца, ни себя, ни своих детей, которым они не оставляют мест, где они не «пометили» территорию.

Они любят *бывать* на природе. Это верно. Прочувствуйте разницу *любить* природу и *любить бывать* на природе.

А если провести параллель между отношением к природе и взаимоотношениями между людьми, то можно кое-что заметить. Для многих любить — это использовать (как природу). Ведь эти «любители бывать…» стараются найти не какое попало место, а покрасивее, чтоб радовало глаз, чтоб поднимало настроение, чтоб было удобно и приятно. Соприкосновение с красотой вызывает положительные эмоции и чувства. А удобный ландшафт дает чувство комфорта.

Отсюда и возникает стремление к красивому объекту и желание обладать этим объектом — объектом, который вызывает положительные эмоции, чувства; объектом, который положительно влияет на внутренний химизм; объектом, дающим ощущение комфорта, объектом, который способен не только дать доминирующую жизненную цель, но еще и поможет ее реализовать. Есть стремление, чтоб объект был не только красивый, но еще и удобный — чтоб не создавал при этом чувства дискомфорта в процессе пользования.

А по-правильному — к тому, кто (и что) дает столько благ и возможностей, есть резон относиться внимательно, бережно, трепетно, грамотно, заботливо. Если кого-то термин «резонно» не впечатляет, выражусь иначе, более приземленно и конкретно — «выгодно».

Теперь зайдем с другого бока.

Промысел Бога весьма загадочен, и не всегда хватает информированности (для результативных операций интеллекта) его понять, поэтому самое разумное — *принимать* Его творчество и учиться правильно взаимодействовать с ним. Любое творение Создателя может создавать неудобства и определенную опасность. Так? Что верно, то верно. Но давайте размышлять. Огонь — это плохо? *Хорошо,* когда он трещит дровами в печке и обогревает жилище, когда на костре можно приготовить уху; и плохо, когда он пожирает то же жилище, когда горит лес. Придет ли кому-нибудь в голову сказать, что огонь — это плохо? Едва ли. Каждый знает — плохо неосторожное обращение с огнем. Глубины моря — это хорошо или плохо? Они просто есть. И если в этих глубинах утонул «Титаник», вовсе не море — плохо, а неосторожность, неподготовленность, безрассудство и… сами добавьте от себя парочку известных вам распространенных проявлений человека. И вывод напросится сам: плохо не то, что нам опасно или неудобно, плохо неумение обращаться с тем, что подарено нам матушкой-природой.

Значит, проблема не вовне, проблема в некоторых проявлениях человека — в незнании, в неумении. Значит, нужно узнать и научиться, чтоб знать и уметь. Разве не является ли это поводом, стимулом к саморазвитию, к совершенствованию?!

Давайте все, что человеку грозит опасностью, отменим. Не получится? Верно. Нам, людям, не дано отменить то, что не нами создано. Не в нашей это власти. Не дано кем? В чьей это власти? Глаза машинально поднимаются вверх в поиске ответа? Все верно, все ответы там — на потолке (и выше).

Ну ладно, не можем отменить. Тогда давайте, все, что может быть опасным для человека, определим как «плохо». Составим краткий список.

— Огонь — плохо, он причина ожога и пожара.

— Море — плохо, в нем можно утонуть.

— Солнце — плохо, от него бывает солнечный удар.

— Еда — плохо, ей можно отравиться.

— Любовь — плохо, она приносит страдания.

— Сексуальная активность — плохо, она повод для греха.

— Жизнь — плохо, она всегда имеет летальный исход.

— Бледная спирохета — плохо, она возбудитель болезни у человека.

Чего мы там забыли включить в свой черный список? Во!

— Автомобиль — плохо, он причина аварии. Вот видите, кое-что нашли, что в нашей власти, — автомобиль. Он создан человеком, и от него можно отказаться. Не хочется? Что ж, вполне понятно. Какой смысл отказываться от удобства?! Есть смысл в аккуратности при эксплуатации этого удобства.

Интересен своей абсурдностью наш черный список?

Однажды на тренинге я затронул тему «Дела Бога» и спросил у группы: «Бледная спирохета — это плохо?» Все задумались, а одна слушательница — врач, ответила: «Плохо». Потом добавила: «Для человека плохо». Нормальный ответ, если не утруждать себя погружением вглубь вопроса.

Нормальный ответ, если не учитывать затронутой темы — «Дела Бога». Теперь давайте посмотрим на этот вопрос с точки зрения не обывательской разумности, но космического сознания.

Бледная спирохета сотворена Богом, как и все сущее на Земле. Так? Так. Разве может быть плохо то, что создано Творцом? Раз создано, значит, имеет свое назначение.

Куда мы зайдем, отвергая, отрицая то, что является неотъемлемым условием жизни? От неумения пользоваться, применять, от нежелания учиться жить в гармонии с окружающим миром мы пытаемся отрицать что-то или осуждать.

А если размышлять, то можно прийти к пониманию того, что есть вещи, которые на сегодняшний день сложно понять. Сексуальная активность, как и бледная спирохета, находится на своем законном месте, и то и другое естественно и закономерно. Не разумно игнорировать закономерность нашего мира. А пытаться менять местами, переставлять то, что создано Творцом, — значит создавать проблемы на свою... голову. Везде установлены предохранители против беззакония, которое мы пытаемся (по незнанию) противопоставить Законам Создателя. Сексуальной энергией можно прекрасно распоряжаться — использовать ее для преобразований в своем теле, душе, духе и разуме. Только изначально разум должен обладать некоторыми знаниями и принципами. Это значит, что, когда возникло острое желание, нет необходимости что-то куда-то скорей запихивать (например, свое белое тело под жаркое солнце, когда вы дорвались до него зимой в тропиках). Когда в разуме нет знания, «как распорядиться желанием», и нет воли, чтобы унять желание, то такое положение дел — уже угроза безопасности хозяина этого разума и воли. Такое положение дел может закончиться плачевно. Так ведь?! Повернется ли у кого-то язык сказать: «Солнце — это плохо для человека»? Плохо быть бестолковым — это значит не иметь знаний и принципов.

Если ум неспокоен, а желания неумеренны и управляют нами, мы можем стать легкой добычей разного рода иллюзий и больших проблем. Кому охота стать добычей больших проблем?

Как видите, дары природы могут принести вместо радости проблемы, или большие проблемы, или окончание проблем — гибель. Губительны для человека не внешние условия, а собственное невежество. Неуязвимым становится тот, кто преодолел свое невежество.

Чтобы наслаждаться тем, чем нас щедро одарил Творец, нужно иметь в жизни вектор — путь к Богу в себе самом. Нужно иметь внутренний устав — свод индивидуальных правил и понимание того, что любовь это состояние и проявление, которое выше всего, сильнее всего, радостнее всего, важнее всего.

Ничто в этом мире вовсе не плохо, а находится на своем законном месте. Есть смысл разобраться, хотя бы поразмышлять — в чем в данном случае замысел Творца. Бледная спирохета живет у животного, и это является нормой. Человеку она когда-то была незнакома, до тех пор пока…

Человек, когда его сексуальная энергия стала ярко проявляться, а возможности выплеснуть ее, реализовать естественным способом через близость с подругой — женщиной, не было возможности, великая ценность — сексуальная энергия, стала для него обузой, проблемой. Чуть раньше мы уже касались того, что плохо не огонь, вода и жизнь, а неумение с этим добром обращаться. Возник такой случай, когда человек не сумел. Вспомним один из законов жизни: ***чем уже сознание, тем больше проблем, чем шире сознание, тем меньше проблем.*** Узкое сознание не позволило его обладателю умело и эффективно распорядиться природным даром, и возникла новая проблема на Земле. Небольшое испытание, и на одну проблему стало больше. От чего возникла? Оттого что в природе оказался (случайно) какой-то микроорганизм? Вовсе нет. Оттого что у этого человека не оказалось ни вектора, ни устава, никаких внутренних духовных ценностей, а только стремление справлять потребности (позывы) своего тела. Очевидно, что Творца не устраивает сугубо животное бытие человека. Не для этой цели Всевышний наделил человека сознанием и вдохнул в него Дух. Поэтому Господь и понаставил капканов на глупость и невежество, чтоб дать возможность нам, людям, вовремя сообразить, что «неправильной дорогой идем, товарищи». Мы только-только начали догадываться об этом, поэтому по привычке продолжаем массово идти неправильной дорогой. К счастью, наблюдается тенденция — процесс осознания своего бытия, и с каждым днем все большее число людей откалываются от «стада» и медленно, но верно начинают благодарный и благодатный путь к себе, к своей божественной природе, через обретение здоровой жизненной философии, через избавление от иллюзий, через освобождение от стереотипов.

Когда родилось грозное венерическое заболевание (порожденное человеческим невежеством), человек стал искать избавление в лекарстве для тела (следствия проблемы), но не от невежества (корня проблемы). Человек не стал искать лекарства для сознания — разума, души и духа. Мы пытаемся заменить расширение сознания придумыванием новых лекарств. Преступные тенденции в обществе хотим урезонить более изощренными способами наказания. Притом что со времен Виктора Гюго, который напомнил широким массам: *«Кара не исправила ни одного преступника»,* прошло много лет. У нас было время и возможность убедиться в истинности данного утверждения, но мы продолжаем искать не там, где потеряли, а там, где удобно. О том, что любовь — это формула жизни, в обществе раздается лишь робкий шепот. И уже времени у человечества в обрез — ресурсы заканчиваются, климат меняется, природные катаклизмы учащаются. Пора прекратить бессмысленный «армрестлинг» с Богом. С каждым днем все очевиднее становится, что это соревнование имеет безрадостные для человека перспективы. И раз уж Христос нас спас, тем, что вручил нам «образец внутреннего устава» — свое учение, то пора этим спасательным кругом начать пользоваться. Начать искать способы, как возлюбить ближнего, начиная с себя самого.

Через осмысление вопроса «что такое любовь?» начинается познание этого мира. Через избавление от догм познается истина. Через проблемы начинается расширение сознания и возвращение из «спячки». Проблем хватает, можно на них злиться, сокрушаться от их числа, а можно их использовать как инструмент для пробуждения, расширения сознания и тем самым освобождения от проблем. ***Единственная болезнь — это недостаточность сознания.***

Рождается человек. Рождается неосознанным, а тело имеет ограниченный ресурс. Тело растет, формируется, взрослеет, после живет на запасе прочности и потом (очень скоро после завершения процесса формирования) начинает изнашиваться и разрушаться — то там заболит, то сям. Как правило, в мире «спящих», нашем с вами мире, сознание слабо развито — сужено. По мере эксплуатации своего тела сознание человека чаще всего не развивается, а ослабевает. Вот причина болезни тела. Европейская медицина действует в направлении излечить само тело, активно воздействуя на него все новыми и новыми способами, но безуспешно. Казалось бы, вот медицинская наука придумала технологию, средство, и какая-то проблема — болезнь, начинает отступать. Не успели толком потереть руки от радости, как тут — бабах, новая проблема, новая болезнь свалилась на человечество. Откуда взялась? «Оттуда — с Неба». Господь подкинул. Как бы говоря: «Ну сколько вам еще нужно проблем, чтоб проснуться?»

Медицинская наука стремительно развивается, средства борьбы с болезнями становятся более мощными, но несмотря на это процент нездоровых на планете увеличивается. Расширяется ассортимент средств для помощи больным, они комфортнее себя чувствуют, одновременно расширяется ассортимент болезней, и они молодеют. Работа с сознанием — это настолько узкая и специфичная область медицинской науки, что в планетарном масштабе она не может решить проблему. А поскольку нерешенная проблема дает возможность вытаскивать астрономические суммы у армии страждущих, то у предприимчивых бизнесменов фармакологии и предприятий медицинских услуг нет заинтересованности в устранении проблем, скорее наоборот.

Есть заинтересованные лица в увеличении «поголовья стада», которое «ест» рекламу пива, сникерсов. Есть заинтересованные убедить население в том, что фаст-фуд — это полезное изобретение, позволяющее меньше отвлекаться на потребности не только души, но и тела, чтоб вложиться в работу, заработать хорошо, а потом на заработанные деньги лечиться, лечиться, лечиться. Подобная технология жизни, как «сказка про белого бычка», как движение собаки за своим хвостом, имеет одну особенность, схожесть — отсутствие перспективы. При этом каждый желающий отказаться от этой бесперспективной технологии жизни может всегда встать на путь расширения — развития сознания и тем самым положительно повлиять на свои и душу, и тело, и в целом на свою жизнь. В процессе расширения сознания не только тело приобретает более высокое качество, избавляясь от болячек, изменяется мировосприятие и характер, и уже благодаря этим преобразованиям положительно изменяется жизнь. Уходит суета, страхи, переживания, перестают донимать вредные, неуемные желания, меняются цели, жизнь наполняется радостью.

Человек, когда оказался в положении буйства плоти, имел выбор — сделать шаг к Богу или в обратную сторону — к животному. В те времена человечество имело в своем арсенале духовные знания и практики: мантру, молитву, медитацию, Тантру, способность трансформации сексуальной энергии для созидания любой сферы своей жизни в отдельности и расширения своего сознания в целом. Но все это для человека оказалось скучным, и он сделал шаг к животному (в прямом и переносном смысле). Он поддержал свою животную сторону и совокупился со скотиной. И когда это произошло впервые, тогда и родилось заболевание — сифилис. Это заболевание вызвала бледная спирохета. Заметьте, не у животного, у человека. Пока она жила у овцы, не было проблем, но когда человек нарушил закон, установленный Творцом, сработал механизм — сдерживающий фактор.

Создателя не устраивает, чтоб заботы человека были ограничены стремлением обеспечить потребности своей физиологии. Создателя не устраивает, чтоб мужчина ассоциировал женщину с отверстиями. А также как субстанцию для продолжения рода. Женщина — Богиня. Но ни мужчина, ни сама женщина, к сожалению, так не считает. А посему это повод для пренебрежительного отношения к собственной природе — к ее глубинам, и к тому, кто способен наполнять жизнь смыслом и яркими красками. Это означает неуважительное отношение к самому себе. Этот абсурд — такое положение дел, отражает уровень сознания современного человека.

Если предположить теоретически иное положение вещей — отсутствие сдерживающего механизма, то очевидно, что это неминуемо привело бы к катастрофе. Отсутствие проблем означает отсутствие мотивации к развитию души, поиску истины, раскрытию любви в своем сердце. Что осталось бы человеку? Животно-звериное бытие: питаться, размножаться и загрызть того, кто слабее, борясь за место под солнцем. Этим человечество и занималось на протяжении веков и сегодня стремится уничтожить ближнего (чтоб легче было добывать корм), но не возлюбить. При отсутствии сдерживающих факторов от Наиглавнейшего, человечество в процессе деградации превратилось бы в новый вид зверя. Подобного явления Творец едва ли допустит. Создатель достаточно наваял на Земле разного рода зверья, нет никакого смысла в появлении еще одного вида. Наделенный интеллектом, этот вид станет чрезвычайно опасен для всего живого на планете и для самой планеты. Человек в том виде, в котором он сегодня находится, и так опасен для своего родного дома — планеты Земля. С одной стороны, относительное противостояние создают общественные законы, с другой стороны, абсолютную гарантию сохранности планеты — Законы Вселенной. Согласно этим законам, скорее человек (в сегодняшнем варианте сознания) исчезнет, чем Творец Вселенной позволит разрушить, уничтожить Землю.

Всевышний создал Человека своим подобием, дав свободу выбора — куда идти, на что потратить свою жизнь: на добычу корма и воспроизводство себе подобных (таких же) или раскрывать в себе лучшие заложенные природой качества, накапливать мудрость и передавать эту мудрость новым поколениям. Каждый имеет выбор и возможность встать на путь — прийти к Отцу и слиться с ним, и стать

Богом — самой любовью. Долго человек уклонялся от этого пути. Теперь, накопив неудачный опыт, начинает поглядывать в нужную, правильную сторону.

Очевидным является то, что, когда человек рост духовного разума, расширение сознания, раскрытие в своем сердце любви замещает ростом интеллектуального потенциала, изобретая химические способы решения проблем, тогда рождается новая проблема. Это, как уже говорилось, равносильно тому, как собака ходит за своим хвостом — перспектива его догнать просто отсутствует. Растет научно-технический и научно-медицинский прогресс, и растет объем проблем у населения планеты. Позвольте себе некоторое движение мысли. Представьте два мешка, в один из которых поместили достижения человечества в области науки и техники, в другой — проблемы, возникающие вследствие этих достижений. Теперь положите на две чаши весов эти два мешка на любом временном отрезке существования человечества. Вы легко обнаружите, что мешок с проблемами всегда будет перевешивать. Отчего так? Отчего выходит так, что, как только с помощью науки удается решить одну проблему, появляется новая — еще похлеще? Потому что этот поиск решения проблем не что иное, как жалкая попытка переиграть Творца. Можно ли в попытке переиграть Бога ожидать успеха? Разве не понятно, что Творец миров, в одном из которых мы в настоящее время пребываем, сильнее и могущественнее человека. Всевышний указывает верный путь, присылая аватаров нам в помощь и в поддержку. Мы их учение тут же перекладываем на свою мелодию, мелодию животного бытия. Так продолжаться не может бесконечно, мы когда-нибудь устанем от бессмысленного и бесперспективного движения наперекор Самому Господу Богу. Это «когда-нибудь» наступило.

Ты можешь называть себя атеистом. Для Всевышнего это не проблема и не повод на тебя сердиться или отвергать. Живи по законам Вселенной и именуй себя как угодно. Ты можешь называть себя христианином, буддистом, индуистом, джайном, сикхом или мусульманином. Для

Господа Бога нет разницы, кем ты себя называешь и куда ты ходишь — в какие тусовки, каких конструкций и обозначений храмы. Бог везде — и в любом храме, и в чистом поле, и в дремучем лесу. Есть место, где Его сложно найти, — это дремучее сознание. Весь вопрос в том: «Как ты живешь? Что ты делаешь? Что ты рождаешь и что после тебя остается на планете, в которой ты гость? Что остается? Груды помойки на лоне природы или посаженные деревья? Пролитые слезы или благодарность? Сильное духовно развитое счастливое потомство или хищники и овцы?»

Можно называть себя «трижды христианином Советского Союза», но если ты можешь осуждать того, кто тебе не нравится, и желать ему зла, то это не более чем игра в религиозность. Дети играют в куклы, в войну, в космонавтов, в индейцев и так далее. На то они и дети, им нравится в играх проводить свой досуг, пока они растут. *Так они развиваются.* Взрослые тоже хотят во что-то играть из-за неспокойного суетливого ума, из-за жизни, наполненной стрессами и «несправедливостью». Сердце, бедное любовью, разум, бедный духовными знаниями, душа, бедная божественными переживаниями, требуют от своего хозяина, человека, какое-то занятие, спасающее от боли, скуки и суеты. Самое безобидное спасение от скуки и суеты — сигарета (хотя Минздрав предупреждает), самое распространенное — алкоголь. Когда эти меры не спасают, есть наркотики. *Так они деградируют.* Но это все плохие игры, а есть другие, хорошие. Вот люди и придумывают разные способы. Надо признать, что все же лучше хорошие игры, чем плохие. Эти игры (в религиозность) все-таки дают хотя и не рост, но возможность роста. Далеко не все участники игр используют эту возможность, но находятся такие, что все-таки растут — развиваются. Все-таки хоть немного, но эти игры подталкивают к верному направлению, и небольшая часть выходит на путь к истине и соблюдение законов Вселенной, которые озвучены Буддой, Христом, Мухаммедом, Махатмой Ганди и озвучиваются сегодня в наши дни Шри Сатья Саи Бабой.

Что мы извлекаем из этой информации к размышлению?

Когда человек в своей жизни сделал выбор стать ближе к Богу, то ему не страшны природные условия — проявления внешней среды.

Желание обладать (в любви) — это животный инстинкт.

Смысл сексуальной энергии в ее трансформации (и управлении ею), в использовании ее на восстановление качества плоти (устранение проблем в физическом теле), на духовный рост, раскрытие духовного потенциала.

Именно это раскрытие дает человеку счастье, а не достижение материальных благ. Именно поэтому разрушается плоть (чего желает избежать каждый), из-за отсутствия гармонии физических и духовных компонентов человека. Материальные блага — это вовсе не плохо, это очень даже хорошо, просто это вторично. Финансовая состоятельность —это замечательно, в комплекте с духовными ценностями. Материальное благополучие может оказаться бесполезным при духовной пустоте, не принося радости. Это как внешне привлекательная, имеющая сексуальные формы женщина, обладающая вздорным характером, пустой головой и не имеющая ничего святого за душой — интерес к ней весьма короткий. Внешняя привлекательность при внутренней пустоте обесценивается (не переживайте — не всеми).

Если по каким-то причинам человек ощущает и осознает доминирующее влияние собственной животной природы на собственные помыслы и порывы, то при определении смысла жизни он сможет сделать волевое усилие и не подавлять, а направить свою энергию на созидание. Хочу сделать акцент на то обстоятельство, что животная составляющая человека — это естественно и нормально. Ненормально и противоестественно, что животная природа управляет жизнью человека, а не сам человек. Гомо сапиенс как будто остается в стороне. Как будто ему (человеку разумному) не дано от природы сознание и способность к его расширению. При этом у каждого есть здоровая потребность, имея весь набор заложенных природой качеств и проявлений, управлять своей жизнью. Есть необходимость эту потребность удовлетворять — научиться управлять своими желаниями, своими эмоциями, своими мыслями, а значит, и своей жизнью.

Когда есть мало-мальский навык управления, тогда у личности, в душе которой вспыхнуло чувство, сердце сильно забилось в груди, кровь закипела в жилах от желания и страсти, — перспективы самые замечательные. Перспективы — жизнерадостный, счастливый, гармоничный человек, имеющий такие же гармоничные отношения с женщиной (мужчиной) своей мечты, у которых растут в атмосфере мира, любви, взаимоуважения здоровые, талантливые дети.

Эпилог

Подытожим нашу беседу.

Как все-таки управлять своей жизнью?

Если у человека есть священное право выбора, как грамотно им воспользоваться?

Как выбрать наиболее благоприятный сценарий собственной судьбы?

Представьте себе пресловутый камень из русских сказок — «направо пойдешь...».

В сказке все просто (на то она и сказка), всего три варианта направления: налево пойдешь — ногу потеряешь, прямо пойдешь — коня потеряешь, направо пойдешь — голову потеряешь. Логический ум начинает искать ответ. Ум размышляет: «Не... ногу я терять не хочу. Коня я тоже не хочу терять. Но если я потеряю голову, тогда зачем мне конь? Без головы мне конь без надобности. Что мне дороже — конь или собственная нога? Нога, конечно! Придется потерять коня. Тогда пойду прямо. Только коня жалко. Совсем молодой жеребец. Раз мне его суждено потерять и после идти пешком, то пойду сразу без коня, отпущу его, тогда он уцелеет». И развернул своего верного друга в обратную сторону, шлепнув его что есть силы по крупу, чтоб он подальше ускакал от своей погибели. И пошел пешком, размышляя: «Что ж на этом пути может приключиться такого, от чего мог бы сгинуть мой конь?» И не обратил внимания, как он уже давно потерял коня, сделав выбор своего направления. «Сказка ложь, да в ней намек…» А намек очевиден. Человек подходит к камню и чешет затылок — не знает, как ему поступить, какое направление выбрать, потому что «дремуч». Неведение — «что там впереди?». Неведение от незнания законов жизни, от недоверия к себе и своим ангелам. Неведение от доминирования логики над интуитивным мышлением, над чувствами и ощущениями. Развитая интуиция, чувствительность в совокупности с правильным жизненным уставом и знаниями технологии жизни дает возможность прочувствовать правильное направление и сделать верный выбор (несмотря на то, что написано на камне).

Эта аллегория в жизни выглядит так — человек оказывается «у камня» в каждый момент, когда на какой-то внешний раздражитель он *выбирает* собственную реакцию. Когда внешний мир устроил вам встречу в лице любого своего представителя (бомжа, глупца, зануды, толстосума, лицемера, калеки, хама, клеветника и т.д.), то это означает, что вы оказались «перед камнем» (перед выбором). Какую реакцию вы проявите — такой сценарий изберете. Если «уполномоченный» внешнего мира вызывает у вас неправильную реакцию (презрение, высокомерие, зависть, осуждение, жалость, ненависть) — это момент выбора сценария дальнейшей собственной судьбы. Позволили себе проявление типа перечисленных выше — пошли в одну сторону от этой точки времени и пространства. В этом случае вы опять непременно придете к этой ситуации — к «этому камню». Это движение по замкнутому кругу может продолжаться бесконечно. Радости это периодическое соприкосновение с неприятными проявлениями нашего мира, понятное дело, не приносит. Но это был ваш выбор.

Если в момент выбора движением разума, воли, мысли вы преодолели собственную негативную реакцию и заменили ее на противоположную — принятие, великодушие, не давая себе права судить и оценивать, значит, выбрали другой, благоприятный, сценарий судьбы, избежав нарушения законов Вселенной. Это означает, что вы обрели более *высокий разряд кузнеца своего счастья*. Подобное преодоление всегда сопровождается презентами от самой жизни. Как правило, происходят какие-то радостные события.

Позволять себе проявление злости, зависти, ревности, раздражительности, агрессии, осуждения, высокомерия, жалости, презрения — это значит выбирать сценарий собственного будущего с максимумом потерь, с минимумом радости.

Преодолевать в себе слабые стороны, развивая сильные, учиться и уметь совершать движение сильных своих проявлений — это значит управлять своей жизнью. Стремление придерживаться правила — делать всегда правильный выбор (заботиться не о том, куда катится мир, но о чистоте своих мыслей, помыслов, эмоций и поступков), позволяет обрести универсальный эффективный способ управления.

Из всего вышеизложенного наверняка, как итог, напрашивается вывод: «Счастье от исполненного желания слишком скоротечно (или как сказано в «Махабхарате», — мгновенно)». *Настоящее счастье — это **состояние** любви. Любовь — это формула жизни.* И способы ее раскрытия стали вам более понятны наверняка.

<><><><><><><><><><><><><><><><><><><><><><><>

Автор с благодарностью примет ваши отзывы и предложения, а также и с радостью ответит на каждое письмо.

Адрес для отзывов и предложений:
markitanov@bk.ru, seemdobroe@bk.ru

Дополнительная информация по телефону: 7 (902) 50 68727

Сайт в интернете: *www.markitanov.com*

Содержание

⬦⬦⬦

Другие книги автора:

- *Неразделенная любовь? От страдания к счастью*

- *Странствие от ошибок к мудрости*

- *Душа, Эго и Путь*
  (Серия «Формула жизни — Любовь»)

Издательский дом «Амрита-Русь»

РОЗНИЧНЫЙ МАГАЗИН:
м. Красносельская (или Комсомольская),
ул. Краснопрудная, 22 а, стр. 1   **тел. 8 (499) 264-13-60**

В магазине представлено более 5000 наименований литературы ПО ЦЕНАМ ИЗДАТЕЛЕЙ и по теме нашего издательства — эзотерика, теософия, философия, восточные методики и практики совершенствования, традиционная и нетрадиционная медицина, астрология, мировые религии и течения, а также аудио-видео и сувенирная продукция. Для членов клуба — постоянно действующие скидки, заявки на нужные книги, встречи с интересными людьми и авторами.

Розничная и оптовая продажа:
<u>Книжная ярмарка</u>:   м. Пр. Мира, СК «Олимпийский»,
1 этаж, место 13 тел. 8 (926) 729-74-93

Вы можете заказать книги на нашем сайте:
www.amrita-rus.ru,   info@amrita-rus.ru
Книга почтой: 107140, Москва, а/я 38

По заявке оптовиков делается электронная
рассылка полного книжного каталога.

Приглашаем к сотрудничеству по изданию книг духовно-нравственного содержания спонсоров, которым не безразлично культурное и духовное развитие личности и общества в целом.
Благотворительные пожертвования Вы можете перечислить на счет Некоммерческого научно-просветительского фонда «Амрита-Вест» по следующим реквизитам:

**Некоммерческий научно-просветительский
фонд «Амрита-Вест»**

107140, Москва, ул. Краснопрудная, д. 22а, стр. 1
ИНН 7708203522   КПП 770801001
р/с 40703810238290001933 в доп. офисе № 5281/1564
Стромынского отделения № 5281 Сбербанка России
ОАО г. Москвы к/с 30101810400000000225
БИК 044525225 ОГРН 1027708004356 ОКПО 59105823

Духовно-просветительное издание

Серия «Формула жизни — любовь»

Маркитанов Александр

ЖАР-ПТИЦЫ СТАЯМИ НЕ ЛЕТАЮТ

Подписано в печать 15.06.2009.
Формат 84х108/32. Усл. печ. л. 8,4.
Тираж 3000 экз. Заказ № К-1030.

Издательский дом «Амрита-Русь»
107061, Москва, ул. Б. Черкизовская, д. 1, корп. 1
тел./факс (499) 264-05-89, 264-05-81
info@amrita-rus.ru   www.amrita-rus.ru

Отпечатано в полном соответствии
с качеством предоставленных диапозитивов
при участии ООО "Агентство печати "Столица"
в ГУП "ИПК "Чувашия",
428019, г. Чебоксары, пр. И. Яковлева, 13.